中华人民共和国

民法典

婚姻家庭编、继承编

案例注释版

中国法制出版社

CHINA LEGAL PUBLISHING HOUSE

出版说明

　　我国各级人民法院作出的生效裁判是审判实践的结晶，是法律适用在社会生活中真实、具体而生动的表现，是连接抽象法律与现实纠纷的桥梁。因此，了解和适用法律最好的办法，就是阅读、参考已发生并裁判生效的真实案例。从广大读者学法用法以及法官、律师等司法实务人员工作的实际需要出发，我们组织编写了这套"法律法规案例注释版"丛书。该丛书侧重"以案释法"，期冀通过案例注释法条的方法，将法律条文与真实判例相结合，帮助读者准确理解与适用法律条文，并领会法律制度的内在精神。

　　丛书最大的特点是：

　　一、专业性。丛书所编选案例的原始资料来源于各级人民法院已经审结并发生法律效力的判决，从阐释法律规定的需要出发，加工整理而成。对于重点法条，则从全国人大常委会法工委等立法部门对条文的专业解读中提炼条文注释。

　　二、全面性。全书以主体法为编写主线，并辅之以条文主旨、条文注释、实用问答、典型案例、相关规定等，囊括了该法条的理论阐释和疑难问题，帮助读者全面理解法律知识体系。

　　三、示范性。裁判案例是法院依法对特定主体之间在特定时间、地点发生的法律纠纷作出的裁判，其本身具有真实性、

1

指导性和示范性的特点。丛书选择的案例紧扣法律条文规定，精选了最高人民法院、最高人民检察院公布的指导案例等典型案例，对于读者有很强的参考借鉴价值。

四、实用性。每本书通过实用问答模块，以问答的方式解答实务中的疑难问题，帮助读者更好地解决实际问题。丛书设置"相关案例索引"栏目，列举更多的相关案例，归纳出案件要点，以期通过相关的案例，进一步发现、领会和把握法律规则、原则，从而作为解决实际问题的参考，做到举一反三。

五、便捷性。本丛书采用大字排版、双色印刷，清晰疏朗，提升了读者的阅读体验。我们还在部分分册的主体法律文件之后收录重要配套法律文件，以及相应的法律流程图表、文书等内容，方便读者查找和使用。

希望本丛书能够成为广大读者学习、理解和运用法律的得力帮手！

适用提示

《民法典》于 2020 年 5 月 28 日第十三届全国人民代表大会第三次会议通过，自 2021 年 1 月 1 日起施行。而《民法典》婚姻家庭编、继承编可谓与百姓的家庭生活息息相关。婚姻家庭编主要规定了我国的基本婚姻制度、结婚的条件和程序、夫妻财产制度、离婚的处理原则、程序、条件及离婚后有关子女抚养、财产分割、过错方的损害赔偿、家庭成员之间的权利义务关系、有关的救助措施及法律责任等；继承编主要规定了遗产的范围、继承人的范围与顺序、继承权的取得与丧失、法定继承、遗嘱继承以及涉外继承等。

对于《民法典》婚姻家庭编，需要重点注意以下几点：

1. 结婚的生效要件

结婚作为一种民事法律行为，除需要满足民事法律行为的一般生效要件外，还要符合婚姻家庭编规定的条件。这些条件可以分为以下几种类型：

（1）必备条件：结婚必须男女双方完全自愿；必须达到法定婚龄，即男子不得早于 22 周岁，女子不得早于 20 周岁；必须符合一夫一妻制的规定，即任何人不得同时有两个或两个以上的配偶。

（2）禁止条件：直系血亲或者三代以内的旁系血亲禁止结婚。

（3）形式要件：按照法律法规规定的缔结婚姻所必须履行的登记手续进行婚姻登记。

2. 无效婚姻制度

无效婚姻制度是指不符合婚姻生效要件的婚姻，或者说由于违反了结婚的实质要件，因此法律给予终局性否定评价的婚姻。关于无效婚姻制度，需要注意以下几点：

（1）无效婚姻的情形包括：重婚；有禁止结婚的亲属关系；未到法定婚龄。

（2）有权向人民法院就已办理结婚登记的婚姻请求确认婚姻无效的主体，包括婚姻当事人及利害关系人。其中，利害关系人包括：以重婚为由的，为当事人的近亲属及基层组织；以未到法定婚龄为由的，为未到法定婚龄者的近亲属；以有禁止结婚的亲属关系为由的，为当事人的近亲属。

3. 夫妻财产制

夫妻财产制，是确认和调整有关夫妻婚前财产、特有财产和婚后所得财产的所有、管理、使用、收益、处分以及夫妻债务的清偿、婚姻终止时财产的清算、分割等方面财产关系的法律制度。对于夫妻财产制需要注意以下内容：

（1）夫妻在婚姻关系存续期间所得的下列财产，为夫妻的共同财产，归夫妻共同所有：工资、奖金、劳务报酬；生产、经营、投资的收益；知识产权的收益；继承或者受赠的财产，但是《民法典》第 1063 条第 3 项规定的除外；其他应当归共同所有的财产。夫妻对共同财产，有平等的处理权。

（2）夫妻一方的个人财产范围为：下列财产为夫妻一方的个人财产：一方的婚前财产；一方因受到人身损害获得的赔偿或者补偿；遗嘱或者赠与合同中确定只归一方的财产；一方专用的生活用品；其他应当归一方的财产。

（3）与前述法定财产制相对应，《民法典》婚姻家庭编明确规定了约定财产制：男女双方可以约定婚姻关系存续期间所得的财产以及婚前财产归各自所有、共同所有或者部分各自所有、部分共同所有。约定应当采用书面形式。没有约定或者约定不明确的，适用前述法定财产制。

4. 家事处理权

夫妻双方共同签名或者夫妻一方事后追认等共同意思表示所负的债务，以及夫妻一方在婚姻关系存续期间以个人名义为家庭日常生活需要所负的债务，属于夫妻共同债务。夫妻一方在婚姻关系存续期间以个人名义超出家庭日常生活需要所负的债务，不属于夫妻共同债务；但是，债权人能够证明该债务用于夫妻共同生活、共同生产经营或者基于夫妻双方共同意思表示的除外。

5. 离婚冷静期

《民法典》第 1077 条规定，自婚姻登记机关收到离婚登记申请之日起 30 日内，任何一方不愿意离婚的，可以向婚姻登记机关撤回离婚登记申请。前款规定期限届满后 30 日内，双方应当亲自到婚姻登记机关申请发给离婚证；未申请的，视为撤回离婚登记申请。

对于《民法典》继承编，需要重点注意以下几点：

1. 遗产的范围

遗产的范围包括公民死亡时遗留的所有个人合法财产。明确了遗产继承的条件，需要强调的是，遗产不仅包括有形的物，也涵盖财产权利。遗产的范围也随着财产和财产权利形态的发展而发展，例如，有价证券、债权以及其他财产权利等。

2. 法定继承人的范围和顺序

第一顺序：配偶、子女、父母、对公、婆尽了主要赡养义务的丧偶儿媳、对岳父、岳母尽了主要赡养义务的丧偶女婿。

第二顺序：兄弟姐妹、祖父母、外祖父母。

3. 继承权的取得、放弃与丧失

继承自被继承人死亡时开始。此时，继承人可以接受继承，也可以放弃继承。第一，放弃继承的意思表示必须以明示的方式作出，继承人的沉默则被推定为接受继承。第二，该放弃行为不能危害第三人的利益，否则无效。第三，继承人放弃继承的意思表示，应当在继承开始后、遗产分割前作出。遗产分割后表示放弃的不再是继承权，而是所有权。

继承权的丧失又称为继承权的剥夺，是指依照法律规定在法定事由出现时取消继承人继承被继承人遗产的权利，亦即取消继承人的继承资格。根据本法规定，导致继承权丧失的法定事由主要是指：第一，故意杀害被继承人。第二，为争夺遗产而杀害其他继承人。第三，遗弃被继承人，或者虐待被继承人情节严重的。第四，伪造、篡改或者销毁遗嘱，情节严重的。

4. 代位继承与转继承

代位继承是指被继承人的子女先于被继承人死亡时，由该子女的晚辈直系血亲继承其应继承的遗产份额的制度。转继承是指继承人在继承开始后遗产分配前死亡的，由其法定继承人继承该份额的制度。代位继承是一次继承，而转继承是两次继承。

5. 遗嘱继承

遗嘱继承是指按照被继承人所立的合法有效遗嘱继承被继承人财产的继承制度，需要注意以下问题：

第一，遗嘱是单方法律行为、死因行为。即遗嘱是无须相对人的法律行为，从其完成时成立、自遗嘱人死亡时生效。

第二，遗嘱的生效条件。（1）必须是完全民事行为能力人。无民事行为能力人、限制民事行为能力人所立的遗嘱无效。（2）意思表示须真实。所以受欺诈、受胁迫所立的遗嘱是无效的。这里不存在可撤销的情况。遗嘱也不存在乘人之危、重大误解、显失公平的情况。另外，被篡改的、伪造的遗嘱也属于无效遗嘱。（3）内容合法。如果内容违法则遗嘱无效。这里需要注意的是，如果遗嘱没有给既没有劳动能力又没有生活来源的继承人保留必要的份额，则该部分无效；遗嘱人以遗嘱处分了属于国家、集体或他人所有的财产，则该部分遗嘱无效。（4）形式须合法。遗嘱本身是一个要式行为，所以遗嘱一般情况下是书面的，但是在特殊的情况下可以是口头遗嘱、录音遗嘱和代书遗嘱。

第三，根据本法规定，如果遗嘱人立有数份遗嘱的，如内容相抵触，以最后的遗嘱为准。《民法典》继承编删除了原《继承法》"自书、代书、录音、口头遗嘱，不得撤销、变更公证遗嘱"的规定，增加了"立遗嘱后，遗嘱人实施与遗嘱内容相反的民事法律行为的，视为对遗嘱相关内容的撤回"的规定，从而改变了公证遗嘱效力最高的规则。

第四，遗嘱无效的法律后果。遗嘱全部无效的，则被继承人的遗产根据法定继承的规定来处理；部分无效的，则该部分根据法定继承的规则继承。

本书以《民法典》婚姻家庭编、继承编为主线，以详尽的解读及具体的案例对核心条文进行注释，从而为读者呈现鲜活的"生活中的法"，以期帮助读者更好地理解与适用《民法典》婚姻家庭编、继承编。

目　录

《中华人民共和国民法典》婚姻家庭编、继承编

第五编　婚姻家庭

第一章　一般规定

第二章　结　婚

第四章 离 婚

4

第五章　收　养

第一节　收养关系的成立

第三章　遗嘱继承和遗赠

第四章　遗产的处理

附　录

《中华人民共和国民法典》
婚姻家庭编、继承编

（2020 年 5 月 28 日第十三届全国人民代表大会第三次会议通过　2020 年 5 月 28 日中华人民共和国主席令第 45 号公布　自 2021 年 1 月 1 日起施行）

目　　录

第五编　婚 姻 家 庭

第一章　一 般 规 定

第一千零四十条	婚姻家庭编的调整范围①

本编调整因婚姻家庭产生的民事关系。

第一千零四十一条	婚姻家庭关系基本原则

婚姻家庭受国家保护。

实行婚姻自由、一夫一妻、男女平等的婚姻制度。

保护妇女、未成年人、老年人、残疾人的合法权益。

● **典型案例**

张某某、闫某某精神损害赔偿纠纷案②

2019 年正月，张某某、闫某某经他人介绍相识、恋爱。2022 年 5 月，张某某、闫某某结束恋爱关系。2022 年 11 月 8 日至 2023 年 1 月 20 日，张某某多次给闫某某发短信，要求闫某某赔偿其损失，闫某某未予理睬。2023 年 2 月 8 日，张某某到闫某某家索要分手费，双方发生争吵。张某某认为，闫某某曾同意与其结婚，后又反悔，其失去了

---

① 条文主旨为编者所加，下同。
② 该案为编者根据工作、研究所得改编而成。

与他人恋爱的机会，致使其现在还单身，要求闫某某赔偿青春损失费4000元。为此，张某某向法院提起诉讼。

一审法院认为，张某某、闫某某在建立恋爱关系后由于多种原因分手，双方均没有侵害对方人格权利的情形。故张某某要求闫某某赔偿其精神损失费无法律依据。一般侵权行为的构成要件包括：有加害行为、有损害事实的存在、加害行为与损害事实之间有因果关系、行为人主观上有过错，只有同时具备前述因素，侵权行为才能成立。当事人对自己提出的诉讼请求所依据的事实或者反驳对方诉讼请求所依据的事实有责任提供证据加以证明，没有证据或者证据不足以证明当事人的事实主张的，由负有举证责任的当事人承担不利后果。本案中，张某某要求闫某某赔偿其恋爱期间的误工损失、精神损失、青春损失，但其未能提供证据证实被告存在侵权行为，故对张某某的诉讼请求，一审法院依法不予支持，判决驳回张某某的诉讼请求。

张某某不服一审判决，提起上诉。二审法院认为，结婚必须是男女双方完全自愿，不允许任何一方对他方加以强迫或任何第三者加以干涉。是否登记结婚，是男女双方完全自愿的一项重要的民事权利，即使男女双方建立了恋爱关系，也不能作为一方强制另一方必须进行结婚登记成为法定夫妻的理由。具体到本案，闫某某与张某某恋爱后拒绝登记结婚，系法律赋予闫某某对自己婚姻的自由权利，不应认定对张某某婚姻自主权的侵权行为，否则与本法立法目的相悖。一审法院判决驳回张某某的诉讼请求，符合法律规定，二审法院予以维持。

● **相关规定**

《宪法》第 49 条

第一千零四十二条　禁止的婚姻家庭行为

禁止包办、买卖婚姻和其他干涉婚姻自由的行为。禁止借婚姻索取财物。

禁止重婚。禁止有配偶者与他人同居。

禁止家庭暴力。禁止家庭成员间的虐待和遗弃。

● 条文注释

包办婚姻，是指第三方（包括父母）违背男女双方的意愿，强迫他人（包括子女）结婚的违法行为。买卖婚姻，是指第三方（包括父母）以索取大量财物为目的，强迫他人婚姻的违法行为。二者的区别在于是否以索取一定的财物为目的，包办婚姻只是违背婚姻自由原则但不索取财物，而买卖婚姻则主要是为了索取财物而强迫他人婚姻的行为。法律禁止包办、买卖婚姻和其他干涉婚姻自由的行为。

借婚姻索取财物，主要是指婚姻当事人一方向对方索要一定的财物，以此作为结婚条件的行为。其特点表现为：（1）索取财物的主体一般是婚姻当事人一方，这与买卖婚姻相区别。（2）在婚姻决定权上，男女双方对结婚基本是自主自愿，属于意思自治，这也与买卖婚姻相区别。（3）对于索要财物的一方来说，他们往往贪图对方的金钱物质。（4）表现形式是一方向另一方索要财产。（5）借婚姻索取财物属于侵害婚姻自由原则的行为，也在禁止之列。

法律禁止重婚，禁止有配偶者与他人同居，都是在维护一夫一妻原则。任何人不得有两个或两个以上的配偶，有配偶者在前婚未终止之前不得结婚，否则即构成重婚，后婚当然无效。需要注意的是，符合重婚罪条件的，必须是有配偶而重婚的，或者是明知他人有配偶而与之结婚的，如果是"包二奶"或者通奸行为，那么虽然这些行为也是婚姻关系中应当被谴责的行为，但是这类行为与重婚行为并不相同，也不能依照重婚罪处罚。

法律禁止家庭暴力，禁止家庭成员间的虐待和遗弃。家庭暴力是指行为人以殴打、捆绑、残害、强行限制人身自由以及其他手段，给对方配偶以及家庭成员的身体、精神等方面造成损害后果的行为。

● **实用问答**

1. **问："与他人同居"具体是指何种情形？**

答：《最高人民法院关于适用〈中华人民共和国民法典〉婚姻家庭编的解释（一）》第二条规定，民法典第一千零四十二条、第一千零七十九条、第一千零九十一条规定的"与他人同居"的情形，是指有配偶者与婚外异性，不以夫妻名义，持续、稳定地共同居住。笔者认为，这并不意味着其他情形就不能被司法认可为"与他人同居"的情形。

2. **问：家庭暴力的具体形式包括哪些？**

答：一般认为，家庭暴力不仅包括单纯的身体上的殴打，还包括心理上和情感上的妨害与困扰，以及纠缠不休，打骚扰电话和恐吓。虐待是指经常以打骂、冻饿、禁闭、有病不予治疗、强迫过度劳动、限制人身自由、凌辱人格等方法，对共同生活的家庭成员进行肉体上、精神上的摧残和折磨的行为。例如，对受害人实施或者威胁实施身体上的侵害以及限制人身自由等控制行为，是对身体权、健康权、生命权以及人身自由权的侵害；对受害人实施或者威胁实施性暴力，实施凌辱、贬低或者其他损害受害人身体完整、伤害受害人自尊的性行为；实施侮辱、诽谤、骚扰，严重侵犯受害人的隐私、名誉、自由、人格尊严等行为；破坏或者损坏受害人的财产，对受害人实施剥夺、减少或者妨害其获得经济来源的行为等，都属于家庭暴力的范围。

● 相关规定

《反家庭暴力法》第1~3条；《刑法》第258条、第260~261条；《最高人民法院关于适用〈中华人民共和国民法典〉婚姻家庭编的解释（一）》第1~3条

第一千零四十三条　婚姻家庭道德规范

家庭应当树立优良家风，弘扬家庭美德，重视家庭文明建设。

夫妻应当互相忠实，互相尊重，互相关爱；家庭成员应当敬老爱幼，互相帮助，维护平等、和睦、文明的婚姻家庭关系。

● 条文注释

根据本法第一千零九十一条的规定，配偶一方违反忠实义务，具有重大过错，导致离婚的，无过错一方有权请求损害赔偿。这一规定保护的就是配偶权。忠实义务是配偶之间的义务，重婚或者实施婚外性行为，无疑侵害了对方的配偶权，承担损害赔偿责任就相当于确认了配偶一方存在侵害对方配偶权的行为。

家庭成员之间应当相互尊重，敬老爱幼，互相帮助，维护平等、和睦、文明的家庭婚姻关系。敬老爱幼是我国人民的传统美德，应当发扬光大。敬老，是指家庭中的晚辈成员对长辈成员应当予以尊敬，使其愉悦地安度晚年。爱幼，是指家庭中的长辈成员对晚辈成员应当予以爱护，使其茁壮成长。敬老爱幼和保护儿童、老人合法权益的原则是一致的，但两者侧重的角度不同。保护儿童、老人的合法权益，侧重于对各种具体的人身和财产权益的保护；而敬老爱幼则从更高的层次上，即从建设精神文明的高度，对如何处理家庭中的代际关系提出了更高的要求。

● 实用问答

问：当事人能否仅以本条作为起诉的依据？

答：不能。《最高人民法院关于适用〈中华人民共和国民法典〉婚姻家庭编的解释（一）》第四条明确规定，当事人仅以民法典第一千零四十三条为依据提起诉讼的，人民法院不予受理；已经受理的，裁定驳回起诉。

● 典型案例

马某臣等探望权纠纷案［人民法院贯彻实施民法典典型案例（第二批）① 之十一］

原告马某臣、段某娥系马某豪父母。被告于某艳与马某豪原系夫妻关系，两人于 2018 年 2 月 14 日办理结婚登记，2019 年 6 月 30 日生育女儿马某。2019 年 8 月 14 日，马某豪在工作时因电击意外去世。目前，马某一直随被告于某艳共同生活。原告因探望孙女马某与被告发生矛盾，协商未果，现诉至法院，请求判令：每周五下午 6 点原告从被告处将马某接走，周日下午 6 点被告将马某从原告处接回；寒暑假由原告陪伴马某。

生效裁判认为，马某臣、段某娥夫妇老年痛失独子，要求探望孙女是人之常情，符合民法典立法精神。马某臣、段某娥夫妇探望孙女，既可缓解老人丧子之痛，也能使孙女从老人处得到关爱，有利于其健康成长。我国祖孙三代之间的关系十分密切，一概否定（外）祖父母对（外）孙子女的探望权不符合公序良俗。因此，对于马某臣、段某娥要求探望孙女的诉求，人民法院予以支持。遵循有利于未成年人成长的原则，综合考虑马某的年龄、居住情况及双方家庭关系等因

---

① 载最高人民法院网站，https://www.court.gov.cn/zixun/xiangqing/386521.html，最后访问时间：2023 年 8 月 21 日。

素，判决：马某臣、段某娥对马某享有探望权，每月探望两次，每次不超过五个小时，于某艳可在场陪同或予以协助。

● 相关规定

《最高人民法院关于适用〈中华人民共和国民法典〉婚姻家庭编的解释（一）》第4~5条

第一千零四十四条　收养的原则

收养应当遵循最有利于被收养人的原则，保障被收养人和收养人的合法权益。

禁止借收养名义买卖未成年人。

第一千零四十五条　亲属、近亲属与家庭成员

亲属包括配偶、血亲和姻亲。

配偶、父母、子女、兄弟姐妹、祖父母、外祖父母、孙子女、外孙子女为近亲属。

配偶、父母、子女和其他共同生活的近亲属为家庭成员。

第二章　结　婚

第一千零四十六条　结婚自愿

结婚应当男女双方完全自愿，禁止任何一方对另一方加以强迫，禁止任何组织或者个人加以干涉。

朱某、田某离婚纠纷案①

原告朱某和被告田某于 2022 年 2 月通过网络交友网站认识，后被告田某以损害朱某母亲身体的手段胁迫原告朱某与其结婚，迫于无奈，2022 年 10 月 15 日原告朱某与被告田某在民政部门登记结婚，登记后未共同生活。后 2023 年 1 月原告朱某起诉离婚。

法院认为，结婚必须男女双方完全自愿，不允许任何一方对他方加以强迫干涉。被告田某以胁迫的方式迫使原告朱某违背真实意愿与其登记结婚，因两人无任何感情基础，且违背了婚姻自由的原则。原告朱某起诉请求撤销与被告田某的婚姻，于法有据，法院予以支持。

● **相关规定**

《老年人权益保障法》第 21 条；《刑法》第 257 条

第一千零四十七条 **法定婚龄**

结婚年龄，男不得早于二十二周岁，女不得早于二十周岁。

第一千零四十八条 **禁止结婚的情形**

直系血亲或者三代以内的旁系血亲禁止结婚。

● **条文注释**

禁婚亲是禁止结婚的血亲，是指法律规定的禁止结婚的亲属范围。禁止一定范围的亲属结婚，在原始社会就存在，称为结婚禁忌，是指人类在群婚制中逐渐发现两性近亲结合的危害，因而禁止一定范围的亲属的两性结合。人类有意识地通过立法禁止近亲结婚，考

---

① 该案为编者根据工作、研究所得改编而成。

虑的是优生学、伦理道德以及身份和继承上的原因。现代亲属法尽管对禁止结婚的亲属范围有所区别，但是确定禁婚亲的制度是基本相同的。

我国直系血亲和三代以内的旁系血亲为禁婚亲。直系血亲是指有直接血缘关系的亲属，包括生育自己和自己所生育的上下各代的亲属，如父母与子女、祖父母与孙子女、外祖父母与外孙子女等。旁系血亲是指有间接血缘关系的亲属，即与自己同出一源的亲属，如与自己父母同源的兄弟姐妹，与自己祖父母同源的伯、叔、姑以及堂兄弟姐妹和姑表兄弟姐妹，与自己外祖父母同源的舅、姨以及姨表兄弟姐妹和舅表兄弟姐妹等。

第一千零四十九条　结婚程序

要求结婚的男女双方应当亲自到婚姻登记机关申请结婚登记。符合本法规定的，予以登记，发给结婚证。完成结婚登记，即确立婚姻关系。未办理结婚登记的，应当补办登记。

● 条文注释

我国结婚实行登记制，要求结婚的男女双方必须亲自到婚姻登记机关进行结婚登记。符合本法规定的，予以登记，发给结婚证。可见，结婚登记是我国婚姻成立的唯一形式要件，是结婚的法定程序。其意义在于，只有在履行了法律规定的结婚程序，即进行结婚登记之后，婚姻才具有法律上的效力，才能得到国家和社会的承认。无论男女双方是否同居、是否举行结婚仪式，都不是结婚的合法形式，只有进行结婚登记，才能发生结婚的法律效力。同时，加强结婚登记制度的管理，对于保障婚姻自由、一夫一妻、男女平等婚姻制度的实施，保护婚姻当事人的合法权益，都具有重要意义。

未办理结婚登记的男女要想得到法律的保护，即使在一起同居甚至形成事实婚姻关系，也应当补办婚姻登记。事实婚姻是指男女双方未办理结婚登记手续，而以夫妻名义共同生活，同时周围的人也认为其是夫妻关系的行为。事实婚姻关系最直接的表现就是双方没有到婚姻登记机关办理结婚登记手续，欠缺结婚的形式要件。对于构成事实婚姻的男女双方，只有进行结婚登记，才能发生结婚的法律效力。

● **实用问答**

问：未办理结婚登记而以夫妻名义共同生活的男女，提起诉讼要求离婚的，如何处理？

答：《最高人民法院关于适用〈中华人民共和国民法典〉婚姻家庭编的解释（一）》第七条规定，未依据民法典第一千零四十九条规定办理结婚登记而以夫妻名义共同生活的男女，提起诉讼要求离婚的，应当区别对待：（一）1994年2月1日民政部《婚姻登记管理条例》公布实施以前，男女双方已经符合结婚实质要件的，按事实婚姻处理。（二）1994年2月1日民政部《婚姻登记管理条例》公布实施以后，男女双方符合结婚实质要件的，人民法院应当告知其补办结婚登记。

● **相关规定**

《婚姻登记条例》第4~7条；《最高人民法院关于适用〈中华人民共和国民法典〉婚姻家庭编的解释（一）》第6~8条

第一千零五十条 男女双方互为家庭成员

登记结婚后，按照男女双方约定，女方可以成为男方家庭的成员，男方可以成为女方家庭的成员。

第一千零五十一条　婚姻无效的情形

有下列情形之一的，婚姻无效：

（一）重婚；

（二）有禁止结婚的亲属关系；

（三）未到法定婚龄。

● **条文注释**

无效婚姻，是指男女因违反法律规定的结婚要件而不具有法律效力的两性违法结合。无效婚姻是违反婚姻成立要件的违法婚姻，不具有婚姻的法律效力。婚姻被宣告无效之后，其法律后果有：（1）当事人之间的婚姻关系自始无效，溯及既往；（2）双方当事人同居期间取得的财产，按照共同共有处理，能够证明是当事人一方所有的，为一方所有；（3）双方当事人与所生子女仍具有父母子女的权利义务关系。

● **实用问答**

问：有权请求确认婚姻无效的主体都有哪些？

答：《最高人民法院关于适用〈中华人民共和国民法典〉婚姻家庭编的解释（一）》第九条规定，有权依据民法典第一千零五十一条规定向人民法院就已办理结婚登记的婚姻请求确认婚姻无效的主体，包括婚姻当事人及利害关系人。其中，利害关系人包括：（一）以重婚为由的，为当事人的近亲属及基层组织；（二）以未到法定婚龄为由的，为未到法定婚龄者的近亲属；（三）以有禁止结婚的亲属关系为由的，为当事人的近亲属。

● **相关规定**

《最高人民法院关于适用〈中华人民共和国民法典〉婚姻家庭编的解释（一）》第9~17条

第一千零五十二条　受胁迫婚姻的撤销

因胁迫结婚的，受胁迫的一方可以向人民法院请求撤销婚姻。

请求撤销婚姻的，应当自胁迫行为终止之日起一年内提出。

被非法限制人身自由的当事人请求撤销婚姻的，应当自恢复人身自由之日起一年内提出。

● **条文注释**

可撤销婚姻是指虽未违反法律强制性规定，但因欠缺婚姻合意，受胁迫的一方当事人可向人民法院申请撤销的违法两性结合。可撤销婚姻的法理基础在于，尊重当事人的意思基础，确定相对的无效状况，赋予当事人撤销婚姻关系的权利或者维持婚姻关系的权利，让其根据自己的意愿自由选择。这有利于保护婚姻当事人的利益和维护婚姻家庭的稳定，而不至于将更多的婚姻推入绝对无效的范围，造成社会的不稳定，损害妇女、儿童的权利。因受胁迫而请求撤销婚姻的，只能是受胁迫一方的婚姻关系当事人本人。

● **实用问答**

1. 问：如何认定本条所称"胁迫"？

答：《最高人民法院关于适用〈中华人民共和国民法典〉婚姻家庭编的解释（一）》第十八条第一款规定，行为人以给另一方当事人或者其近亲属的生命、身体、健康、名誉、财产等方面造成损害为要挟，迫使另一方当事人违背真实意愿结婚的，可以认定为民法典第一千零五十二条所称的"胁迫"。

2. 问：非婚姻关系当事人，能否因受胁迫而请求撤销婚姻？

答：不能。《最高人民法院关于适用〈中华人民共和国民法典〉

婚姻家庭编的解释（一）》第十八条第二款规定，因受胁迫而请求撤销婚姻的，只能是受胁迫一方的婚姻关系当事人本人。

● 相关规定

《最高人民法院关于适用〈中华人民共和国民法典〉时间效力的若干规定》第 26 条；《最高人民法院关于适用〈中华人民共和国民法典〉婚姻家庭编的解释（一）》第 18~19 条；《民政部关于贯彻落实〈中华人民共和国民法典〉中有关婚姻登记规定的通知》

第一千零五十三条 隐瞒重大疾病的可撤销婚姻

一方患有重大疾病的，应当在结婚登记前如实告知另一方；不如实告知的，另一方可以向人民法院请求撤销婚姻。

请求撤销婚姻的，应当自知道或者应当知道撤销事由之日起一年内提出。

● 典型案例

1. 林某、张某撤销婚姻纠纷案［人民法院贯彻实施民法典典型案例（第二批）①之十］

林某和张某经人介绍相识，于 2020 年 6 月 28 日登记结婚。在登记之后，张某向林某坦白其患有艾滋病多年，并且长期吃药。2020 年 7 月，林某被迫人工终止妊娠。2020 年 10 月，林某提起诉讼要求宣告婚姻无效。诉讼中，林某明确若婚姻无效不能成立，则请求撤销婚姻，对此，张某亦无异议。

生效裁判认为，自然人依法享有缔结婚姻等合法权益，张某虽患

---

① 载最高人民法院网站，https://www.court.gov.cn/zixun/xiangqing/386521.html，最后访问时间：2023 年 8 月 21 日。

有艾滋病，但不属于婚姻无效的情形。林某又提出撤销婚姻的请求，张某对此亦无异议，为减少当事人讼累，人民法院一并予以处理。张某所患疾病对婚姻生活有重大影响，属于婚前应告知林某的重大疾病，但张某未在结婚登记前告知林某，显属不当。故判决撤销林某与张某的婚姻关系。判决后，双方均未上诉。

2. 陆某、叶某离婚纠纷案［江苏法院家事纠纷典型案例（2021—2022 年度）① 之案例 3］

陆某（女）与叶某（男）于 2020 年通过互联网交友平台相识相恋后登记结婚。2021 年 1 月，陆某因琐事与自己父母发生争吵并出现精神异常，在家人陪同下前往南通某医院精神科就诊，诊断为未分化型精神分裂症。陆某曾于 2014 年 4 月向南京某医院申请挂号，预约精神分裂症类型的门诊医疗诊治。2021 年 6 月，陆某以夫妻感情破裂为由向法院提起离婚诉讼。叶某在诉讼中主张其婚后才知晓陆某婚前患有精神分裂症长达八年，该疾病属于重大疾病，若提前告知，其不会与之结婚，故要求撤销婚姻。

一审法院经审理认为，双方婚后陆某出现精神分裂症症状，夫妻分居至今，感情确已破裂，但叶某提交的证据不足以证明陆某婚前被确诊为精神分裂症，故对其撤销婚姻的请求不予支持。遂判决：准予陆某与叶某离婚。叶某不服一审判决，提出上诉。江苏省南通市中级人民法院经审理认为，法院开具调查令查明陆某曾于 2014 年至南京某医院治疗并被确诊为精神分裂症，陆某在与叶某的聊天记录中亦陈述婚前一直服用阿立哌唑进行治疗，陆某于 2021 年 1 月在南通某医院精神科就诊时，入院记录载明"敏感多疑，言行异常半月余，病期八

---

① 载江苏法院网，http://www.jsfy.gov.cn/article/95069.html，最后访问时间：2023 年 8 月 21 日。

年"。上述证据相互印证，可以证明陆某婚前患有精神分裂症。该疾病属于重大疾病，足以影响叶某是否决定结婚的自由意志，对双方婚后生活造成重大影响，陆某婚前未能将其患病情况如实告知叶某，故叶某有权主张撤销婚姻。遂判决：撤销一审判决，撤销陆某与叶某的婚姻。

● **相关案例索引**

杨某等离婚纠纷案①

陈某婚前被诊断为精神分裂症，因此住院治疗。但陈某未告知男友杨某，婚前、孕前检查中亦隐瞒病情，婚后陈某因精神分裂症再次住院治疗。杨某以陈某隐瞒病情，侵犯其知情权为由诉至法院，请求撤销婚姻关系。

法院经审理认为，陈某在婚前已确诊患有精神分裂症，但未在结婚登记前如实告知杨某，婚检、孕检中亦隐瞒自己的病情，杨某直至婚后陈某再次病发才知晓陈某患有精神分裂症，其起诉要求撤销婚姻关系，未超出法律规定的除斥期间，依法予以支持。

第一千零五十四条	婚姻无效或被撤销的法律后果

无效的或者被撤销的婚姻自始没有法律约束力，当事人不具有夫妻的权利和义务。同居期间所得的财产，由当事人协议处理；协议不成的，由人民法院根据照顾无过错方的原则判决。对重婚导致的无效婚姻的财产处理，不得侵害合法婚姻当事人的财产权益。当事人所生的子女，适用本法关于父母子女的规定。

婚姻无效或者被撤销的，无过错方有权请求损害赔偿。

---

① 参见《佛山中院公布一批婚姻家庭典型案例》，载"佛山市中级人民法院"微信公众号，https://mp.weixin.qq.com/s/DTStNS9JcwE-N6CqBnEKxw，最后访问时间：2023 年 8 月 21 日。

被撤销的婚姻产生以下法律后果：（1）被撤销的婚姻自始无效，当事人不具有夫妻的权利和义务。人民法院根据当事人的请求，依法确认婚姻无效或者撤销婚姻的，应当收缴双方的结婚证书并将生效的判决书寄送当地婚姻登记管理机关。（2）被撤销婚姻的财产问题。被确认无效或者被撤销的婚姻，当事人同居期间所得的财产，除有证据证明为当事人一方所有的外，按共同共有处理。（3）被撤销婚姻的子女抚养问题。被撤销婚姻当事人所生的子女与父母之间的关系，适用本法有关父母子女关系的规定，父母子女间的权利和义务也不受父母婚姻被撤销的影响。

● 实用问答

问：本条所规定的"自始没有法律约束力"是什么意思？

答：《最高人民法院关于适用〈中华人民共和国民法典〉婚姻家庭编的解释（一）》第二十条规定，民法典第一千零五十四条所规定的"自始没有法律约束力"，是指无效婚姻或者可撤销婚姻在依法被确认无效或者被撤销时，才确定该婚姻自始不受法律保护。

● 相关规定

《最高人民法院关于适用〈中华人民共和国民法典〉婚姻家庭编的解释（一）》第20~22条

第三章　家 庭 关 系

第一节　夫 妻 关 系

第一千零五十五条　**夫妻平等**

夫妻在婚姻家庭中地位平等。

第一千零五十六条　**夫妻姓名权**

夫妻双方都有各自使用自己姓名的权利。

第一千零五十七条　**夫妻人身自由权**

夫妻双方都有参加生产、工作、学习和社会活动的自由，一方不得对另一方加以限制或者干涉。

● *相关规定*

《妇女权益保障法》

第一千零五十八条　**夫妻抚养、教育和保护子女的权利义务平等**

夫妻双方平等享有对未成年子女抚养、教育和保护的权利，共同承担对未成年子女抚养、教育和保护的义务。

● *典型案例*

杨某、王某离婚纠纷案①

杨某与王某登记结婚，二人婚后育有两子 A 和 B，现均系未成年人，随王某父母在老家共同居住生活。因双方感情确已破裂，杨某起诉至法院要求离婚，并主张两孩的抚养权。

法院经审理发现，杨某和王某两人一直在外打工，A 和 B 则被留在老家与祖父母共同居住生活。夫妻二人平时除却提供生活费，对孩子的学习生活情况缺少关心和照顾，忽视了对孩子性格的塑造、人格的培养，客观上对孩子的身心健康造成了伤害。在离婚过程中，双方互设门槛，争夺孩子抚养权，但对离婚后孩子的抚养教育问题又不予考虑。谈话中，A 和 B 均表现出对父母的疏远，甚至出言诋毁父母。

在本案承办过程中，法院认为，应当注重对留守儿童身心健康的教育指导工作，适时发出家庭教育指导令，责令未成年人父母接受家庭教育指导，依法纠正未成年人父母怠于履行家庭教育责任，督促未成年人父母为未成年人提供良好的家庭环境，促进未成年人健康成长。杨某和王某作为未成年人的父母，理应时常陪伴孩子，承担起关心关爱孩子身心健康、学习生活的责任。法院认为，杨某和王某怠于承担对 A、B 的家庭教育主体责任，遂向二人发放家庭教育指导令。

第一千零五十九条　夫妻扶养义务

夫妻有相互扶养的义务。

需要扶养的一方，在另一方不履行扶养义务时，有要求其给付扶养费的权利。

---

① 参见《绍兴中院发布婚姻家庭纠纷典型案例》，载"绍兴市中级人民法院"微信公众号，https：//mp.weixin.qq.com/s/3M9vLfCVutdeJR3MgNDI-A，最后访问时间：2023 年 8 月 21 日。

夫妻之间的扶养，是指夫妻在物质上和生活上互相扶助、互相供养。这种权利和义务完全平等，有抚养能力的一方必须自觉承担这一义务，尤其是在一方丧失劳动能力时，更应当履行这一义务。一方违反这一义务，另一方有权要求其履行，可以请求有关组织调解，也可以向人民法院提起请求给付之诉，要求对方给付扶养费。

第一千零六十条　夫妻日常家事代理权

夫妻一方因家庭日常生活需要而实施的民事法律行为，对夫妻双方发生效力，但是夫妻一方与相对人另有约定的除外。

夫妻之间对一方可以实施的民事法律行为范围的限制，不得对抗善意相对人。

● 条文注释

日常事务代理权，亦称家事代理权，是指配偶一方在与第三人就家庭日常事务为一定法律行为时，有权代理对方行使权利。家事代理权是配偶权中的一项重要内容，不仅关系到夫妻平等权利问题，而且关系到善意第三人的合法利益问题。日常事务代理权行使的法律后果是，配偶一方代表家庭所为的行为，对方配偶须承担后果责任，配偶双方对其行为应当承担连带责任。夫妻一方滥用日常事务代理权的，他方可以对其代理权加以限制。为了保障交易安全、保护善意第三人的合法利益，该限制不得对抗善意第三人。

第一千零六十一条　夫妻遗产继承权

夫妻有相互继承遗产的权利。

依照本法继承编的规定，夫妻之间互为配偶，相互享有继承权。配偶可以用遗嘱将遗产分配给对方配偶继承。在法定继承中，配偶是第一顺序继承人，在对方配偶死亡时，依照法定继承的相关规定，在第一顺位享有继承其遗产的权利。这种权利以配偶关系的存在为前提。离婚发生法律效力后，其法律后果之一，就是彼此之间的继承权消灭，任何一方都不再是对方遗产的法定继承人，无权再以配偶的身份继承对方的遗产。

配偶享有法定继承权需满足以下条件：（1）存在合法的婚姻关系。配偶与被继承人之间存在合法的婚姻关系是配偶享有继承权的先决条件；（2）配偶一方死亡，因为继承开始的原因是自然人死亡；（3）生存配偶未丧失继承权。我国法律规定了自然人丧失继承权的四种情形，如果配偶存在任一情形，同样会丧失继承权，无法继承被继承人的遗产。

第一千零六十二条　夫妻共同财产

夫妻在婚姻关系存续期间所得的下列财产，为夫妻的共同财产，归夫妻共同所有：

（一）工资、奖金、劳务报酬；

（二）生产、经营、投资的收益；

（三）知识产权的收益；

（四）继承或者受赠的财产，但是本法第一千零六十三条第三项规定的除外；

（五）其他应当归共同所有的财产。

夫妻对共同财产，有平等的处理权。

构成夫妻财产共有关系的条件是：（1）夫妻关系的缔结。这是构成夫妻财产共有关系的首要条件。依照法律规定，男女须亲自到国家婚姻登记机关，表示双方缔结婚姻关系的意愿，经审查符合结婚条件的，以结婚登记的时间作为婚姻关系缔结的时间。夫妻关系一经缔结，即具备发生夫妻共同共有关系的第一个要件。（2）缔结婚姻的双方当事人未选择其他夫妻财产制。依照民法典婚姻家庭编的规定，缔结婚姻的双方当事人有约定夫妻财产制而排除法定夫妻共有财产制适用的权利。如果双方行使这一权利，另行约定其他夫妻财产制形式，则不发生我国法定的夫妻共有关系。只要双方没有约定采取其他夫妻财产所有形式，夫妻共有财产关系自婚姻缔结之日起发生，夫妻一方或双方所得的财产均为夫妻共同财产。

夫妻对财产所有的约定对法定夫妻共有财产制排斥的效力，约定全部财产采取其他夫妻财产所有形式的，全部排除法定夫妻共有财产制的效力；约定部分财产或某个财产采取其他所有形式的，约定只对这部分和这个财产发生效力，对于夫妻婚后所得的其他财产仍发生共同共有关系。

● 实用问答

问："其他应当归共同所有的财产"具体包括哪些？

答：《最高人民法院关于适用〈中华人民共和国民法典〉婚姻家庭编的解释（一）》第二十五条规定，婚姻关系存续期间，下列财产属于民法典第一千零六十二条规定的"其他应当归共同所有的财产"：（一）一方以个人财产投资取得的收益；（二）男女双方实际取得或者应当取得的住房补贴、住房公积金；（三）男女双方实际取得或者应当取得的基本养老金、破产安置补偿费。

● **典型案例**

何某甲等借贷纠纷案[1]

何某乙与李某原系夫妻，二人婚姻关系存续期间，何某甲共向其儿子何某乙转账 40 多万元用于购买房屋，登记在何某乙与李某二人名下。后何某乙与李某离婚，约定房屋归李某所有。何某甲以其出资系民间借贷为由，请求何某乙与李某返还借款。

法院经审理认为，何某甲出资时，没有证据显示该款项性质为何，现其主张该出资为借款，但不能提交借据等证据，按照"谁主张，谁举证"的原则，其应承担不利后果，故认定该出资为对子女的赠与。

● **相关规定**

《最高人民法院关于适用〈中华人民共和国民法典〉婚姻家庭编的解释（一）》第 24~29 条

第一千零六十三条 夫妻个人财产

下列财产为夫妻一方的个人财产：

（一）一方的婚前财产；

（二）一方因受到人身损害获得的赔偿或者补偿；

（三）遗嘱或者赠与合同中确定只归一方的财产；

（四）一方专用的生活用品；

（五）其他应当归一方的财产。

● **条文注释**

夫妻个人财产，是指夫妻在实行共同财产制的前提下，依照法律

---

[1] 参见《佛山中院公布一批婚姻家庭典型案例》，载"佛山市中级人民法院"微信公众号，https://mp.weixin.qq.com/s/DTStNS9JcwE-N6CqBnEKxw，最后访问时间：2023 年 8 月 21 日。

的规定或者夫妻之间的约定，各自保留一定范围的属于个人所有的财产。夫妻个人财产具有三个明显特征：一是独立于夫妻共同财产之外；二是其权利主体是单一的自然人，即夫或者妻；三是其权利属于单独所有权，而不是共有权。法律保护夫妻个人财产，依据本条规定为夫妻一方个人财产的，不因婚姻关系的延续而转化为夫妻共同财产。但当事人另有约定的除外。

● **典型案例**

李某、林某夫妻共有财产纠纷案[①]

2020 年 3 月 17 日，林某与 A 公司签订《甲小区拆迁补偿安置协议书》，将林某婚前位于某县的一房屋拆迁至甲小区某房屋。2021 年 4 月 8 日，林某与 B 公司签订《拆迁安置补偿协议书》，将林某婚前位于某村六社的另一房屋拆迁至乙小区某房屋。2022 年 5 月，林某与李某办理了结婚登记。后李某起诉，主张两套房屋系夫妻共有；而林某认为，甲小区某房屋及乙小区某房屋是其通过拆迁所得的婚前个人财产，应归其一人所有。

法院认为，夫妻可以约定婚姻关系存续期间所得的财产以及婚前财产归各自所有、共同所有或部分各自所有、部分共同所有。夫或妻一方的婚前财产为夫妻一方的财产。本案中所涉两套房屋均为林某婚前财产的拆迁房，是其婚前财产，且双方未就该两套房屋归双方共同所有作出书面约定，故该两套房屋应为林某一方的财产。李某辩称两套房屋应为双方共同所有，但其所举示的证据（两套房屋的装修收据）不能证实李某已依法取得该两套房屋的共有权，其应当承担举证不利的责任。虽然甲小区某房屋的装修和乙小区某房屋的厨房改造及

---

① 该案为编者根据工作、研究所得改编而成。

24

部分装修是发生在夫妻关系存续期间，且是用双方婚后共同财产作的不动产添附，但李某仅对装修的部分享有共同的财产权利，而添附并不必然导致原物的所有权发生变动。因此，两套房屋属林某个人所有，而非李某与林某共同共有。

● **相关规定**

《最高人民法院关于适用〈中华人民共和国民法典〉婚姻家庭编的解释（一）》第 30~31 条

第一千零六十四条　夫妻共同债务

　　夫妻双方共同签名或者夫妻一方事后追认等共同意思表示所负的债务，以及夫妻一方在婚姻关系存续期间以个人名义为家庭日常生活需要所负的债务，属于夫妻共同债务。

　　夫妻一方在婚姻关系存续期间以个人名义超出家庭日常生活需要所负的债务，不属于夫妻共同债务；但是，债权人能够证明该债务用于夫妻共同生活、共同生产经营或者基于夫妻双方共同意思表示的除外。

● **条文注释**

　　本条规定的确定夫妻共同债务的规则是：（1）夫妻双方共同确认或者夫妻一方确认，另一方事后追认等通过共同意思表示所负的债务。法律准许夫妻双方对财产的所有关系进行约定，也包括对债务的负担进行约定，双方约定归个人负担的债务，为个人债务。约定个人债务，可以与财产所有的约定一并约定，也可以单独就个人债务进行约定。举债时没有夫妻的共同约定，但是举债之后对方配偶追认是夫妻共同债务的，当然也是夫妻共同债务。（2）夫妻一方在婚姻关系存续期间以个人名义为家庭日常生活需要所负的债务。包括为保持配偶或其子女的生活发生的债务，为了履行配偶双方或一方的生活保持义务产生的债务，其他由家事仲裁人根据配偶一方或债权人的请求确认为具有此等性质的债务。例如，购置家庭生活用品、修缮房屋、支付家庭生活开支、夫妻一方或双方乃至子女治疗疾病、生产经营，以及其他生活必需而负的债务。为抚育子女、赡养老人，夫妻双方同意而资助亲朋所负债务，亦为夫妻共同债务。

对于夫妻一方在婚姻关系存续期间以个人名义超出家庭日常生活需要所负的债务，不属于夫妻共同债务。为保护债权人的合法权益，本条特别规定，债权人能够证明该债务用于夫妻共同生活、共同生产经营或者基于夫妻双方共同意思表示的除外。

● **实用问答**

问：当事人的离婚协议或者人民法院生效判决、裁定、调解书已经对夫妻财产分割问题作出处理，债权人还能不能就夫妻共同债务向男女双方主张权利？

答：能。《最高人民法院关于适用〈中华人民共和国民法典〉婚姻家庭编的解释（一）》第三十五条规定，当事人的离婚协议或者人民法院生效判决、裁定、调解书已经对夫妻财产分割问题作出处理的，债权人仍有权就夫妻共同债务向男女双方主张权利。一方就夫妻共同债务承担清偿责任后，主张由另一方按照离婚协议或者人民法院的法律文书承担相应债务的，人民法院应予支持。

● **相关规定**

《最高人民法院关于适用〈中华人民共和国民法典〉婚姻家庭编的解释（一）》第33~36条

第一千零六十五条 夫妻约定财产制

男女双方可以约定婚姻关系存续期间所得的财产以及婚前财产归各自所有、共同所有或者部分各自所有、部分共同所有。约定应当采用书面形式。没有约定或者约定不明确的，适用本法第一千零六十二条、第一千零六十三条的规定。

夫妻对婚姻关系存续期间所得的财产以及婚前财产的约定，对双方具有法律约束力。

夫妻对婚姻关系存续期间所得的财产约定归各自所有，夫或者妻一方对外所负的债务，相对人知道该约定的，以夫或者妻一方的个人财产清偿。

● 条文注释

夫妻约定财产制与法定财产制可以同时并用。只有在对夫妻财产制没有约定或约定不明确的情况下，才适用法定夫妻财产制的规定。约定一经生效，夫妻双方即应按约定的内容享受权利，承担义务。夫妻约定财产，是指夫妻以契约形式决定婚姻关系存续期间所得财产所有关系的夫妻财产制度。在现代社会，夫妻财产关系因夫妻各自财产状况、经济生活的不同而呈现出多样性和差异性，单一类型的法定财产制不可能适合于所有的夫妻。为尊重夫妻的意思以及应对婚姻生活的特殊性和个性，各国法律大都承认夫妻约定财产制。这对保护夫妻的合法权利和财产利益，维护平等、和睦的家庭关系，保护夫妻与第三人交易安全，都具有重要意义。为了维护交易安全和第三人的利益，夫妻对婚姻关系存续期间财产约定归各自所有的，夫或妻一方对外所负的债务，只有在第三人明知约定的情况下，才对第三人具有约束力。即第三人知道该约定的，才发生对抗第三人的效力；第三人不知道该约定的，就不发生对抗第三人的效力，应当以夫妻双方的财产清偿债务。至于第三人是否知道该约定，夫妻一方对此负有举证责任。

● **实用问答**

问：由谁来证明"相对人知道该约定"？

答：《最高人民法院关于适用〈中华人民共和国民法典〉婚姻家庭编的解释（一）》第三十七条规定，民法典第一千零六十五条第三款所称"相对人知道该约定的"，夫妻一方对此负有举证责任。

● **相关规定**

《最高人民法院关于适用〈中华人民共和国民法典〉婚姻家庭编的解释（一）》第37条

第一千零六十六条 婚内分割夫妻共同财产

婚姻关系存续期间，有下列情形之一的，夫妻一方可以向人民法院请求分割共同财产：

（一）一方有隐藏、转移、变卖、毁损、挥霍夫妻共同财产或者伪造夫妻共同债务等严重损害夫妻共同财产利益的行为；

（二）一方负有法定扶养义务的人患重大疾病需要医治，另一方不同意支付相关医疗费用。

● **条文注释**

在共同共有关系发生的原因没有消灭前，共同共有财产不能分割，目的在于保持共有关系的稳定性和基础，保护共有人的合法权益。不过，本法物权编第三百零三条规定，共有人有重大理由需要分割的，可以请求分割。其中的有重大理由可以对共同共有财产进行分割，就包括夫妻共同财产的部分分割的情形。在坚持婚姻关系存续期间夫妻一方请求分割共同财产不予支持的基础上，将特别情形作为例外，准许其在婚姻关系存续期间分割夫妻共同财产，是为了保护婚姻当事人的合法权益。如果出现了本条规定的情形，夫妻一方可以向人民法院请求分割共同财产。

婚姻关系存续期间，除本条规定情形外，夫妻一方请求分割共同财产的，人民法院不予支持。在审判实践中，要严格遵循上述规定，既不能类推适用，亦不能扩大解释，以避免夫妻双方或者一方在婚姻关系存续期间随意主张分割共同财产，损害家庭稳定、影响夫妻共有财产保障功能的实现。

● *实用问答*

问：除本条规定的情形外，夫妻一方能否请求分割共同财产？

答：不能。《最高人民法院关于适用〈中华人民共和国民法典〉婚姻家庭编的解释（一）》第三十八条规定，婚姻关系存续期间，除民法典第一千零六十六条规定情形以外，夫妻一方请求分割共同财产的，人民法院不予支持。

● *相关规定*

《最高人民法院关于适用〈中华人民共和国民法典〉婚姻家庭编的解释（一）》第38条

第二节　父母子女关系和其他近亲属关系

第一千零六十七条　**父母与子女间的抚养赡养义务**

父母不履行抚养义务的，未成年子女或者不能独立生活的成年子女，有要求父母给付抚养费的权利。

成年子女不履行赡养义务的，缺乏劳动能力或者生活困难的父母，有要求成年子女给付赡养费的权利。

● **条文注释**

父母对未成年子女的抚养义务是无条件的义务，不能以任何借口而免除。从子女出生开始直到能够独立生活为止，都必须承担，即使父母离婚后也不能免除。抚养义务是亲权的主要内容，权利主体是未成年子女，义务主体是亲权人。亲权的抚养义务须以直接养育为原则，即让未成年子女与亲权人共同生活，直接进行养育。如果父母一方或者双方不履行抚养义务，未成年子女和不能独立生活的子女有权请求支付抚养费，这就由抚养义务转变为责任，具有强制性。

● **实用问答**

问：如何认定"不能独立生活的成年子女"？

答：《最高人民法院关于适用〈中华人民共和国民法典〉婚姻家庭编的解释（一）》第四十一条规定，尚在校接受高中及其以下学历教育，或者丧失、部分丧失劳动能力等非因主观原因而无法维持正常生活的成年子女，可以认定为民法典第一千零六十七条规定的"不能独立生活的成年子女"。

● **典型案例**

1. **张某等赡养纠纷案** ［江苏法院家事纠纷典型案例（2021—2022 年度)[①] 之案例 14］

张某（男）与孙某（女）系夫妻关系，二人育有二子，即张甲、

_____

① 载江苏法院网，http://www.jsfy.gov.cn/article/95069.html，最后访问时间：2023 年 8 月 21 日。

张乙。1994 年 3 月，张某夫妇与张甲、张乙在某法律服务所见证下签订析产协议一份，对拆迁款及房屋进行了析产，同时在协议中约定："自本协议生效后，双方各自独立生活、相互无经济瓜葛。张某夫妇年老丧失劳动能力后，生活费自理，放弃向张甲索取赡养生活费的权利。"孙某于 2010 年去世，张某现独自租房生活，每月享有国家发放的补助费 180 元。2021 年 11 月，张某诉至法院，要求张甲、张乙支付赡养费。

江苏省扬州市江都区人民法院经审理认为，赡养父母是子女应尽的法定义务。赡养人不得以放弃继承权或者其他理由拒绝履行赡养义务。张某年逾八十，仅凭目前收入已无法维持基本生活。张甲、张乙作为儿子，应履行赡养义务。遂判决：张甲、张乙自 2022 年 1 月起每月各负担张某的生活费 800 元，张某自 2022 年 1 月起产生的医疗费由张甲、张乙各负担二分之一。张甲不服一审判决，提出上诉。江苏省扬州市中级人民法院判决驳回上诉，维持原判。

2. 程某其等赡养纠纷案（阳江法院贯彻实施民法典典型案例①之案例六）

程某其夫妇育有程某朝等五名子女。2012 年 3 月 2 日，程某其夫妇与子女就赡养费问题签订协议，约定程某朝等每月支付 300 元赡养费给程某其夫妇。后程某其妻子张某去世。2019 年 12 月 19 日，程某其与孙女程某果以及子女签订协议，约定将自家征地分得的房产低价转让给程某果，由程某果负责程某其的所有赡养问题。此后，程某朝不再向父亲支付赡养费，程某其将程某朝诉至法院。

生效判决认为，民法典第一千零六十七条规定，成年子女不履行

---

① 载阳江法院网，https://www.gdyjfy.gov.cn/20220714-2141.html，最后访问时间：2023 年 8 月 21 日。

赡养义务的，缺乏劳动能力或者生活困难的父母，有要求成年子女给付赡养费的权利。赡养父母是成年子女的法定义务，该义务不因父母"承诺免除"而免除。程某其已是耄耋之年的老人，没有劳动能力，程某朝作为儿子应履行对程某其的赡养扶助义务。结合协议约定赡养费的数额、双方关系及产生矛盾的根源，判决程某朝应支付自 2019 年 12 月 19 日起的赡养费给程某其。

● **相关规定**

《老年人权益保障法》第 13~20 条；《未成年人保护法》第 18~21 条；《最高人民法院关于适用〈中华人民共和国民法典〉婚姻家庭编的解释（一）》第 41~43 条

第一千零六十八条　父母教育、保护未成年子女的权利和义务

父母有教育、保护未成年子女的权利和义务。未成年子女造成他人损害的，父母应当依法承担民事责任。

● **条文注释**

亲权中的赔偿义务，是指亲权人对于其抚养的未成年子女致他人以损害，所应承担的赔偿该受害人损失的义务。本条后段规定："未成年子女造成他人损害的，父母应当依法承担民事责任。"这种赔偿义务的承担原则，应当依照本法侵权责任编第一千一百八十八条的规定进行。民事行为能力人、限制民事行为能力人造成他人损害的，由监护人承担侵权责任。监护人尽到监护职责的，可以减轻其侵权责任。有财产的无民事行为能力人、限制民事行为能力人造成他人损害的，从本人财产中支付赔偿费用；不足部分，由监护人赔偿。

子女尊重父母的婚姻权利及赡养义务

子女应当尊重父母的婚姻权利，不得干涉父母离婚、再婚以及婚后的生活。子女对父母的赡养义务，不因父母的婚姻关系变化而终止。

● 条文注释

婚姻自由是我国婚姻制度最基本的要求，其既包括年轻人的结婚及离婚自由，也包括老年人的离婚、再婚自由。这一内涵本来是不言而喻的，但直到现在，老年人的婚姻自由问题还是面临着家庭和社会的双重压力。为了保障老年人婚姻自由的权利，本条特别规定了子女应当尊重父母的婚姻权利，不得干涉父母离婚、再婚以及婚后的生活。同时，为了保障离婚、再婚的老年人的生活不受影响，本条还明确规定了子女对父母的赡养义务，不因父母的婚姻关系变化而终止。

子女尊重父母婚姻权利的义务，是亲属权的内容，对父母离婚、再婚以及婚后的生活，子女负有尊重义务，不得干涉。其理由在于，父母享有婚姻自由权利，包括离婚自由和再婚自由，任何人不得强制和干涉，子女同样如此。子女干涉父母的婚姻权利，也构成侵权行为。

● 典型案例

庞某某等赡养费纠纷案（最高人民法院老年人权益保护第二批典型案例①之案例三）

原告庞某某，女，案发时年七十八岁，先后有两次婚姻，共育有

---

① 载最高人民法院网站，https://www.court.gov.cn/zixun/xiangqing/354121.html，最后访问时间：2023年8月21日。

被告张某某等六名子女，其中一名已故。子女中除张某外均已成家。庞某某诉称其现居住于中学宿舍，一人独居生活，基本生活来源于拾荒及领取低保金，现年老多病、无经济来源，请求人民法院判令被告张某某等二人每月支付赡养费。

贵州省普安县人民法院认为，成年子女应履行对父母的赡养义务，赡养包括经济上的供养、生活上照料和精神上的慰藉。原、被告之间系母子（女）关系，被告应在日常生活中多关心、照顾老人，考虑老人的情感需求，善待老人。考虑到原告共有五个成年子女、部分子女还需赡养原告前夫等现实状况，结合被告张某某等二人的年龄、收入情况及原告实际生活需求，判决张某某等二人于判决生效之日起每月向原告庞某某支付赡养费。

● **相关规定**

《老年人权益保障法》第18条

第一千零七十条 遗产继承权

父母和子女有相互继承遗产的权利。

● **条文注释**

父母和子女之间具有最密切的人身关系和财产关系，本条是对父母和子女相互享有继承权的规定。关于父母，本法继承编第一千一百二十七条第四款明确规定："本编所称父母，包括生父母、养父母和有扶养关系的继父母。"关于子女，本法继承编第一千一百二十七条第三款规定："本编所称子女，包括婚生子女、非婚生子女、养子女和有扶养关系的继子女。"父母和子女的继承权是平等的，都是独立的继承主体，享有独立的继承份额。

需要指出的是：（1）父母与非婚生子女有相互继承遗产的权利。

这是因为非婚生子女享有与婚生子女相同的权利。（2）养父母与养子女有相互继承遗产的权利；但养子女无权继承生父母的遗产，生父母也无权继承养子女的遗产。（3）有扶养关系的继父母与继子女有相互继承遗产的权利；继父母继承了继子女遗产的，不影响其继承生子女的遗产；继子女继承了继父母遗产的，不影响其继承生父母的遗产。

第一千零七十一条　非婚生子女权利

非婚生子女享有与婚生子女同等的权利，任何组织或者个人不得加以危害和歧视。

不直接抚养非婚生子女的生父或者生母，应当负担未成年子女或者不能独立生活的成年子女的抚养费。

● **实用问答**

问：夫妻双方一致同意进行人工授精，所生子女是否应视为婚生子女？

答：是。《最高人民法院关于适用〈中华人民共和国民法典〉婚姻家庭编的解释（一）》第四十条规定，婚姻关系存续期间，夫妻双方一致同意进行人工授精，所生子女应视为婚生子女，父母子女间的权利义务关系适用民法典的有关规定。

● **典型案例**

张甲、黄甲抚养权纠纷案[①]

张甲与黄甲于同居生活期间生育非婚生子黄某，至今没有办理结婚登记手续。非婚生子黄某出生后与张甲、黄甲共同生活至 2022 年

---

① 该案为编者根据工作、研究所得改编而成。

12月。2023年1月，张甲带黄某离开黄甲回娘家生活至今。非婚生子黄某现于某幼儿园上学。黄甲系个体工商户，有相对独立的经济来源。黄甲父母作出书面意思表示，表示愿意帮助黄甲照顾孙子黄某。后黄甲起诉，要求直接抚养非婚生子黄某。

一审法院认为，张甲与黄甲在未办理结婚登记手续的情况下同居生活，生育儿子黄某。非婚生育的子女同样受法律保护，享有与婚生子女同等的权利。父母对子女具有抚养、教育的义务。张甲与黄甲抚养子女的条件基本相同，双方均要求儿子黄某与其共同生活。黄某的祖父母要求并且有能力帮助照顾孙子，可作为黄某随父亲黄甲生活的优先条件予以考虑。黄甲在答辩中表示黄某由其直接抚养并共同生活，无须张甲负担抚养费。张甲虽不直接抚养黄某，但仍享有探视非婚生子黄某的权利，黄甲有义务协助张甲行使探视权。为便于双方配合行使探视权，在不影响非婚生子黄某学习、休息的情况下，以有利于黄某身心健康成长为原则，具体的探视方式、时间、地点等由双方根据客观情况变化另行协商确定。一审法院判决：非婚生子黄某由黄甲直接抚养并与其共同生活，抚养费由黄甲负担；张甲享有探视非婚生子黄某的权利，黄甲应配合张甲行使探视权。

张甲对黄甲直接抚养黄某的一审判决不服，提起上诉。二审法院认为，非婚生子女享有与婚生子女同等的权利。张甲与黄甲没有就黄某的抚养达成协议，根据已查明的事实，双方均有足以抚养黄某的经济能力，双方的父母均表示愿意帮助抚养黄某并提供一定的条件，因非婚生子黄某自2022年1月开始与张甲生活，日常生活相对稳定，不宜改变生活环境，故黄某应由张甲直接抚养。张甲在二审诉讼中自愿承担黄某的全部抚养费，应予准许，但黄甲仍享有探望非婚生子黄某的权利。二审法院改判：非婚生子黄某由张甲直接抚养，抚养费由张甲承担；黄甲享有探视非婚生子黄某的权利，张甲应配合黄甲行使探视权。

● *相关规定*

《最高人民法院关于适用〈中华人民共和国民法典〉婚姻家庭编的解释（一）》第 39~40 条

第一千零七十二条 继父母子女之间权利义务

继父母与继子女间，不得虐待或者歧视。

继父或者继母和受其抚养教育的继子女间的权利义务关系，适用本法关于父母子女关系的规定。

● *条文注释*

继子女是指丈夫对妻与前夫所生子女或妻子对夫与前妻所生子女的称谓，也就是配偶一方对他方与其前配偶所生的子女为继子女。继父母是指子女对母亲或父亲的后婚配偶的称谓，即继父和继母。在继父母与继子女关系中，首要的义务是相互之间不得虐待或者歧视，特别是继父母不得对继子女虐待和歧视。违反这一义务，造成对方损害的，构成侵权行为，严重的甚至构成犯罪行为，应当承担刑事责任。

继父或者继母和受其抚养教育的继子女间的权利义务，具体包括：（1）继父母对未成年的继子女有抚养、教育、保护的权利和义务；（2）受继父母抚养教育的继子女有赡养继父母的义务；（3）继子女的姓氏可以随继父姓，也可以随继母姓，根据法律规定，还可以随其他姓氏；（4）继子女有尊重继父母婚姻权利的义务；（5）继父母和继子女有相互继承遗产的权利。

第一千零七十三条 亲子关系异议之诉

对亲子关系有异议且有正当理由的，父或者母可以向人民法院提起诉讼，请求确认或者否认亲子关系。

对亲子关系有异议且有正当理由的，成年子女可以向人民法院提起诉讼，请求确认亲子关系。

第一千零七十四条 祖孙之间的抚养、赡养义务

有负担能力的祖父母、外祖父母，对于父母已经死亡或者父母无力抚养的未成年孙子女、外孙子女，有抚养的义务。

有负担能力的孙子女、外孙子女，对于子女已经死亡或者子女无力赡养的祖父母、外祖父母，有赡养的义务。

● **条文注释**

祖孙之间抚养或赡养关系的形成应当具备以下条件：第一，子女在未成年时父母双亡，或者父母丧失抚养能力；祖父母、外祖父母的子女在成年后死亡或者丧失抚养能力，无法赡养父母的。第二，需要承担抚养、赡养义务的祖父母、外祖父母与孙子女和外孙子女确有承担抚养、赡养义务的能力。如果具有法律意义上的抚养义务人没有一定的抚养能力或负担能力不够，那么可以适当克减，甚至免除其义务。第三，被抚养或赡养人确实有困难需要被抚养或赡养。孙子女、外孙子女尚未成年，没有独立生活能力，祖父母、外祖父母应当承担抚养义务。同样，需要孙子女、外孙子女赡养的祖父母、外祖父母，也应当丧失劳动能力，没有收入来源，生活困难。如果本身就有较多的收入或者财富，无须再确定抚养或者赡养义务。

● **典型案例**

李某等无因管理纠纷案 ［江苏法院家事纠纷典型案例（2021—2022 年度）①之案例 7］

李甲（男）与高某（女）于 2015 年 5 月登记结婚，婚后生育李乙（女）。李甲与高某自 2017 年开始分居，2022 年 2 月经法院调解离婚。李某与王某系李甲的父母，李乙自 2017 年起一直跟随祖父母李某夫妇共同生活，各项生活、教育费用均由二人共同承担。2022 年 8 月，李某夫妇诉至法院，要求李甲与高某支付自 2017 年 1 月至 2022 年 1 月李乙的医疗费、教育费、保险费、生活费等费用。

江苏省南京市江宁区人民法院经审理认为，李甲与高某系李乙的父母，对其有法定的抚养教育义务。在李甲与高某有抚养能力的情况下，李某夫妇作为祖父母，对李乙并无法定抚养义务。李某夫妇为了孙女的健康成长，代替李甲与高某履行抚养义务，构成无因管理之债。遂判决：李甲与高某向李某夫妇支付李乙自 2017 年 1 月至 2022 年 1 月的医疗费、教育费、保险费、生活费等合计 116337 元。高某不服一审判决，提出上诉。江苏省南京市中级人民法院判决驳回上诉，维持原判。

第一千零七十五条 **兄弟姐妹间扶养义务**

> 有负担能力的兄、姐，对于父母已经死亡或者父母无力抚养的未成年弟、妹，有扶养的义务。
>
> 由兄、姐扶养长大的有负担能力的弟、妹，对于缺乏劳动能力又缺乏生活来源的兄、姐，有扶养的义务。

---

① 载江苏法院网，http://www.jsfy.gov.cn/article/95069.html，最后访问时间：2023 年 8 月 21 日。

兄、姐承担扶养义务应满足以下条件：第一，父母已经死亡或者父母无力履行抚养义务。第二，兄、姐必须有扶养的能力，因为如果兄、姐没有扶养能力，法律强制规定其扶养弟、妹的义务，则兄、姐根本无法完成这一义务。同时，这一义务会使兄、姐原本的生活受到影响，所以有扶养能力是履行扶养义务的前提。第三，弟、妹必须尚未成年。如果弟、妹已经成年，具备了独立生活的能力，那么兄、姐自然不必承担扶养义务。

弟、妹承担扶养义务应满足以下条件：第一，兄、姐要求弟、妹扶养，弟、妹应当是由兄、姐扶养成人的。即在弟、妹未成年时，父母已经死亡或父母无抚养能力，兄、姐对弟、妹的成长尽了扶养义务。按照权利与义务相一致的原则，弟、妹应承担兄、姐的扶养责任。第二，兄、姐缺乏劳动能力又缺乏生活来源。如果兄、姐虽缺乏劳动能力但并不缺少经济来源，如受到他人经济上的捐助或自己有可供生活的积蓄，则不产生弟、妹的扶养义务。同时，如果兄、姐虽缺少生活来源但有劳动能力，兄、姐可通过自己的劳动换取生活来源，在此情况下，弟、妹亦无扶养兄、姐的义务。第三，弟、妹有负担能力。若无负担能力则无法履行扶养义务。

第四章 离 婚

第一千零七十六条 **协议离婚**

夫妻双方自愿离婚的，应当签订书面离婚协议，并亲自到婚姻登记机关申请离婚登记。

离婚协议应当载明双方自愿离婚的意思表示和对子女抚养、财产以及债务处理等事项协商一致的意见。

● 条文注释

离婚，也称婚姻解除，是指夫妻双方生存期间依照法律规定解除婚姻关系的法律行为，是婚姻终止的一种情况。登记离婚的条件包括：（1）登记离婚的男女双方必须具有合法的夫妻身份。（2）离婚当事人必须是完全民事行为能力人。限制行为能力人、无民事行为能力人享有离婚自由，但由于其具有特殊性，这两类人离婚只能通过法院诉讼离婚，而不能通过登记离婚。（3）双方当事人必须达成真实的、表示一致的离婚合意。（4）对离婚后子女抚养已经作出适当处理。（5）对夫妻共同财产作出适当处理。符合上述条件的，双方还应当订立书面离婚协议，亲自到婚姻登记机关申请离婚登记。离婚协议是婚姻关系当事人表明离婚意愿和具体内容的文书。协议中，应当载明双方自愿离婚的意思表示，以及对子女抚养、财产及债务处理等事项协商一致的意见。

● 实用问答

问：履行离婚协议发生纠纷，能否提起诉讼？

答：能。《最高人民法院关于适用〈中华人民共和国民法典〉婚姻家庭编的解释（一）》第六十九条第二款规定，当事人依照民法典第一千零七十六条签订的离婚协议中关于财产以及债务处理的条款，对男女双方具有法律约束力。登记离婚后当事人因履行上述协议发生纠纷提起诉讼的，人民法院应当受理。

● 典型案例

杨某、王某离婚纠纷案 [河南省开封市中级人民法院（2021）豫02 民终 1333 号民事判决书①]

杨某与王某原系夫妻关系，双方于 2019 年 9 月 30 日在民政局办理离婚登记手续。双方签订的《离婚协议书》第三条约定：（1）登记在女方名下的豫 B×××××小轿车归男方所有，购买该车辆的剩余贷款，由女方于 2020 年 10 月 1 日前全部还清，在 2020 年 12 月 31 日前归女方使用，2020 年 12 月 31 日之后将该车登记过户到男方名下；（2）除以上共同财产外，双方再无其他共同财产，共同财产 10 万元归男方；男女双方的个人财产归个人所有。双方约定的期限到期后，杨某向王某要求返还上述车辆时遭到王某拒绝，遂成讼。

一审法院认为，杨某与王某订立的离婚协议书系当事人真实意思表示，内容不违反法律、法规的强制性规定，应受法律保护，当事人双方应当依约履行民事义务，承担民事责任。关于王某辩称"因为贷款车辆抵押给银行了，将房子变卖后抵原告的车款，卖房剩下的钱给我"的问题，王某所指房屋系登记在双方名下的房屋，杨某不予认可有该房屋，且王某的辩称与双方的离婚协议中共同财产的约定不一致，亦与离婚协议中交付车辆的履行方式不一致，王某辩称车辆已经抵押拒绝归还车辆的理由不能成立，完全可以变更提供担保的方式。综上所述，一审法院判决如下：王某于本判决生效后十日内将涉案轿车交付杨某。

王某不服，提起上诉。二审法院认为，本案系离婚后财产纠纷。

---

① 载中国裁判文书网，https：//wenshu. court. gov. cn/website/wenshu/181107ANFZ0BXSK4/index. html? docId=cVyxAV2KtXTQFXQFGhT2c+cVZWG2rczd490md8x3RUbe4qNlb8mBtJO3qNaLMqsJEjxqvsRAZ9JE3z3XhifmxiN05NRB6QgWvb77MR4zDn6fVz0CWaBmHBokuyZXmKaH，最后访问时间：2023 年 8 月 29 日。

《最高人民法院关于适用〈中华人民共和国民法典〉婚姻家庭编的解释（一）》第六十九条第二款规定，当事人依照《民法典》第一千零七十六条签订的离婚协议中关于财产以及债务处理的条款，对男女双方具有法律约束力。登记离婚后当事人因履行上述协议发生纠纷提起诉讼的，人民法院应当受理。本案中，杨某与王某签订的《离婚协议书》是双方真实意思的表示，不违背法律和行政法规的强制性规定，合法有效，对双方具有法律约束力，双方应切实履行合法有效的离婚协议。既然双方在《离婚协议书》中对涉案车辆交付时间进行了明确约定，那么原审判决王某将车辆交付杨某并无不当。王某上诉称该离婚协议系被胁迫签订，但并没有提供证据加以证明，以车辆已经卖给他人拒绝归还车辆的理由没有事实和法律依据，不予支持。

第一千零七十七条　离婚冷静期

自婚姻登记机关收到离婚登记申请之日起三十日内，任何一方不愿意离婚的，可以向婚姻登记机关撤回离婚登记申请。

前款规定期限届满后三十日内，双方应当亲自到婚姻登记机关申请发给离婚证；未申请的，视为撤回离婚登记申请。

● **相关规定**

《最高人民法院关于进一步深化家事审判方式和工作机制改革的意见（试行）》；《民政部关于贯彻落实〈中华人民共和国民法典〉中有关婚姻登记规定的通知》

第一千零七十八条　婚姻登记机关对协议离婚的查明

婚姻登记机关查明双方确实是自愿离婚，并已经对子女抚养、财产以及债务处理等事项协商一致的，予以登记，发给离婚证。

● **条文注释**

婚姻登记机关应当对当事人出具的有关材料进行严格审查。审查过程，实际上也是对当事人进行引导、调解和说服教育的过程，使当事人尽可能地进行慎重考虑，挽救那些还有和好可能的夫妻。审查过程是：第一，对当事人离婚的意愿进行审查。婚姻登记员应当分别询问当事人的离婚意愿以及对离婚协议内容的意愿，进行笔录，笔录当事人阅后签名，主要是审查双方当事人对于离婚是否达成一致意见，有无欺诈、胁迫等情况。第二，查验离婚申请材料。最主要的是对离婚登记当事人出具的证件、证明材料进行审查并询问相关情况，审查材料是否有缺失、弄虚作假等违法现象，对子女安排和财产分割是否合理等。当事人应当提供真实情况，不得隐瞒或者欺骗。

第一千零七十九条　诉讼离婚

夫妻一方要求离婚的，可以由有关组织进行调解或者直接向人民法院提起离婚诉讼。

人民法院审理离婚案件，应当进行调解；如果感情确已破裂，调解无效的，应当准予离婚。

有下列情形之一，调解无效的，应当准予离婚：

（一）重婚或者与他人同居；

（二）实施家庭暴力或者虐待、遗弃家庭成员；

（三）有赌博、吸毒等恶习屡教不改；

（四）因感情不和分居满二年；

（五）其他导致夫妻感情破裂的情形。

一方被宣告失踪，另一方提起离婚诉讼的，应当准予离婚。

经人民法院判决不准离婚后，双方又分居满一年，一方再次提起离婚诉讼的，应当准予离婚。

● **条文注释**

诉讼离婚，也叫裁判离婚，是指夫妻一方当事人基于法定离婚原因，向人民法院提起离婚诉讼，人民法院依法通过调解或判决而解除当事人之间的婚姻关系的离婚方式。诉讼离婚的适用范围包括：（1）夫妻一方要求离婚，另一方不同意离婚的；（2）夫妻双方都愿意离婚但在子女抚养、财产分割等离婚后果问题上不能达成协议的；（3）夫妻双方都愿意离婚，并对子女抚养、财产分割等离婚后果达成协议，但未依法办理结婚登记手续而以夫妻名义共同生活且为法律所承认的事实婚姻，请求解除事实婚姻关系的。

判决离婚的基本事由是夫妻感情确已破裂，其含义是：夫妻之间感情已不复存在，已经不能期待夫妻双方有和好的可能。人民法院审理离婚案件，符合本条第三款规定"应当准予离婚"情形的，不应当因当事人有过错而判决不准离婚。

● **实用问答**

问：因是否生育致使感情破裂的，能否诉讼离婚？

答：能。《最高人民法院关于适用〈中华人民共和国民法典〉婚姻家庭编的解释（一）》第二十三条规定，夫妻双方因是否生育发生纠纷，致使感情确已破裂，一方请求离婚的，人民法院经调解无效，应依照民法典第一千零七十九条第三款第五项的规定处理。

● **典型案例**

邓某、陈某离婚纠纷案（阳江法院贯彻实施民法典典型案例①之案例三）

邓某与陈某于 2006 年自行相识，后确立恋爱关系并同居生活，于 2010 年登记结婚，生育儿子陈某洛。2020 年，邓某以夫妻感情破裂为由诉至法院，请求与陈某离婚。法院于 2020 年 9 月 4 日作出民事判决，不准邓某与陈某离婚。之后，邓某与陈某又分居满一年，邓某再次以夫妻感情破裂为由诉至法院，请求与陈某离婚。

生效判决认为，邓某与陈某婚后缺乏沟通，导致夫妻感情出现裂痕。经法院判决不准离婚后，双方仍无法和好，且又分居满一年，足以证明二人夫妻感情确已破裂。民法典第一千零七十九条第五款规定，经人民法院判决不准离婚后，双方又分居满一年，一方再次提起离婚诉讼的，应当准予离婚。故判决准予邓某与陈某离婚。

● **相关规定**

《最高人民法院关于适用〈中华人民共和国民法典〉时间效力的若干规定》第 22 条；《最高人民法院关于适用〈中华人民共和国民法典〉婚姻家庭编的解释（一）》第 23 条、第 63 条

第一千零八十条 婚姻关系的解除时间

完成离婚登记，或者离婚判决书、调解书生效，即解除婚姻关系。

---

① 载阳江法院网，https://www.gdyjfy.gov.cn/20220714 – 2141.html，最后访问时间：2023 年 8 月 21 日。

第一千零八十一条 现役军人离婚

现役军人的配偶要求离婚，应当征得军人同意，但是军人一方有重大过错的除外。

● *实用问答*

问：如何认定"军人一方有重大过错"？

答：《最高人民法院关于适用〈中华人民共和国民法典〉婚姻家庭编的解释（一）》第六十四条规定，民法典第一千零八十一条所称的"军人一方有重大过错"，可以依据民法典第一千零七十九条第三款前三项规定及军人有其他重大过错导致夫妻感情破裂的情形予以判断。依前述规定，军人一方的重大过错包括：重婚或者与他人同居，实施家庭暴力或虐待、遗弃家庭成员，有赌博、吸毒恶习屡教不改，其他重大过错如强奸妇女、奸淫幼女、嫖娼等违法犯罪行为。

● *相关规定*

《刑法》第259条；《最高人民法院关于适用〈中华人民共和国民法典〉婚姻家庭编的解释（一）》第64条

第一千零八十二条 男方提出离婚的限制情形

女方在怀孕期间、分娩后一年内或者终止妊娠后六个月内，男方不得提出离婚；但是，女方提出离婚或者人民法院认为确有必要受理男方离婚请求的除外。

● *条文注释*

本条是对男方离婚请求权予以限制，也是离婚程序上对妇女特别保护的规定。限制男方的离婚请求权，目的在于保护妇女和子女的合法权益。在怀孕、分娩后一年内或者终止妊娠六个月内，女方在身体上、精神上都有很重的负担，如果在这个时期离婚，会对女方的身体、精神增加更多的负担，对女方本人、对正在孕育的胎儿或者出生后的婴儿，都会造成严重影响。在这个时期禁止男方提出离婚请求，无疑是必要的。男方在上述期间提出离婚请求的，人民法院直接判决驳回原告的诉讼请求，而不是判决不准离婚。在上述期间经过之后，男方再提出离婚诉讼请求的，应当依法审理。该期间是法定期间，分为三种：（1）女方怀孕期间。如果起诉时并没有发现女方怀孕，而是在审理中或者审理结束时发现女方怀孕，也适用该规定，驳回原告的诉讼请求；即使在一审判决作出后，在二审期间发现的，也应当撤销原判，驳回原告的诉讼请求。（2）女方在分娩后一年内。无论女方分娩的是活着的婴儿还是死胎，均受该期间的限制。（3）女方终止妊娠后六个月。在此期间，无论女方出于何种原因终止妊娠的，男方都不能提出离婚诉讼。

例外规定是：（1）女方提出离婚的，不受该期间的限制。这是因为女方在该期间提出离婚，自己已经有思想准备，她认为离婚才能够更好地保护自己和胎儿的利益。如果对此予以限制，反而会对女方和胎儿、婴儿不利。（2）如果法院认为确有必要受理男方的离婚诉讼，则不受该期间的限制。对此，法院应当严格把握"确有必要"的尺度。

● **典型案例**

隋某、刘某离婚纠纷案[①]

隋某与刘某于 2022 年年底相识，彼此未有深入的了解。相处没几天，刘某便提出办理结婚登记，隋某在刘某的多次催促下隐瞒父

---

① 该案为编者根据工作、研究所得改编而成。

母，从家中将户口本私自拿出后于 2023 年 1 月 18 日前往民政局与被告办理了婚姻登记。婚后，双方矛盾日渐加深。隋某欲与之离婚，而刘某不同意，也不配合隋某到民政局办理离婚手续。双方无共同的存款房产，无共同债权债务。隋某认为双方已无和好可能，故诉至法院，请求法院判决离婚。

庭审过程中，刘某提交证据，证明 2023 年 4 月 12 日其做彩色多普勒超声诊断为宫内妊娠，相当于二十周左右，审理时处于怀孕期间。

法院认为，隋某以双方相互了解不深、无感情基础为由请求与刘某离婚，但未提供充分证据予以证明。隋某与刘某虽有矛盾，影响了夫妻感情，但现有证据尚不足以认定夫妻感情确已破裂。况且，刘某现处于怀孕期间，隋某依法不得提出离婚。考虑到刘某怀孕的事实，庭审后隋某、刘某亦没有提出新的意见，希望隋某与刘某能够和睦相处、相互包容，特别是隋某，在刘某怀孕期间要多尽家庭义务。为彰显国家对孕期妇女，特别是胎儿特殊权益的保护，对隋某的离婚请求，依法不予支持。

第一千零八十三条　复婚

离婚后，男女双方自愿恢复婚姻关系的，应当到婚姻登记机关重新进行结婚登记。

第一千零八十四条　离婚后子女的抚养

父母与子女间的关系，不因父母离婚而消除。离婚后，子女无论由父或者母直接抚养，仍是父母双方的子女。

离婚后，父母对于子女仍有抚养、教育、保护的权利和义务。

离婚后，不满两周岁的子女，以由母亲直接抚养为原则。已满两周岁的子女，父母双方对抚养问题协议不成的，由人民法院根据双方的具体情况，按照最有利于未成年子女的原则判决。子女已满八周岁的，应当尊重其真实意愿。

● 条文注释

离婚案件涉及未成年子女抚养的，对不满两周岁的子女，按照本条第三款规定的原则处理。母亲有下列情形之一，父亲请求直接抚养的，人民法院应予支持：（1）患有久治不愈的传染性疾病或者其他严重疾病，子女不宜与其共同生活；（2）有抚养条件不尽抚养义务，而父亲要求子女随其生活；（3）因其他原因，子女确不宜随母亲生活。

父母双方协议不满两周岁子女由父亲直接抚养，并对子女健康成长无不利影响的，人民法院应予支持。对已满两周岁的未成年子女，父母均要求直接抚养，一方有下列情形之一的，可予优先考虑：（1）已做绝育手术或者因其他原因丧失生育能力；（2）子女随其生活时间较长，改变生活环境对子女健康成长明显不利；（3）无其他子女，而另一方有其他子女；（4）子女随其生活，对子女成长有利，而另一方患有久治不愈的传染性疾病或者其他严重疾病，或者有其他不利于子女身心健康的情形，不宜与子女共同生活。

父母抚养子女的条件基本相同，双方均要求直接抚养子女，但子女单独随祖父母或者外祖父母共同生活多年，祖父母或者外祖父母要求并且有能力帮助子女照顾孙子女或者外孙子女的，可以作为父或者母直接抚养子女的优先条件予以考虑。在有利于保护子女利益的前提下，父母双方协议轮流直接抚养子女的，人民法院应予支持。

离婚后，父母一方要求变更子女抚养关系的，或者子女要求增加抚养费的，应当另行提起诉讼。具有下列情形之一，父母一方要求变更子女抚养关系的，人民法院应予支持：（1）与子女共同生活的一方因患严重疾病或者因伤残无力继续抚养子女；（2）与子女共同生活的一方不尽抚养义务或有虐待子女行为，或者其与子女共同生活对子女身心健康确有不利影响；（3）已满八周岁的子女，愿随另一方生活，该方又有抚养能力；（4）有其他正当理由需要变更。父母双方协议变更子女抚养关系的，人民法院应予支持。

● **典型案例**

刘某、张甲离婚及变更抚养关系纠纷案[①]

原告刘某与被告张甲原系夫妻关系，于2010年12月共同生育一女张乙。2016年7月，双方登记离婚并达成离婚协议，约定张乙由被告抚养，原告支付抚养费。原、被告离婚后均再婚，均未再育。原告与案外人陈某再婚，无依法需承担抚养义务的子女。被告与案外人王某再婚。

原、被告离婚后，张乙即随被告共同生活。2020年至2021年，张乙随原告共同生活过一段时间。自2021年6月起，张乙离开原告，随被告及继母王某居住于被告名下的房屋，目前张乙就读于某中学。2023年8月7日晚，张乙突然离家出走，自行去往原告处，随原告共同生活。随后原告起诉，要求将张乙的抚养权判归自己所有。

诉讼中，法院于2023年8月9日向张乙了解各方情况，并制作谈话笔录一份，张乙陈述：父亲性格严厉、暴躁，只会坚持让自己按照父亲的想法行事，故其不愿意与父亲进行沟通、交流。在其离家出走与母亲、继父共同生活的一年里，母亲对其比较照顾，侧重培养其独

---

① 该案为编者根据工作、研究所得改编而成。

立生活的能力，继父脾气好、性格幽默。经过慎重考虑，其自愿与母亲共同生活。张乙认为，若其和父亲继续生活，会导致其脾气越来越暴躁，父亲的逼迫也让其抗拒学习，甚至致其产生了自杀冲动。而其与母亲之间可以说心里话，能得到心灵的慰藉，在生活上和学习上更有动力。此外，陈某书面表示愿意接受张乙共同居住生活；王某书面表示其与张甲更适合成为张乙的抚养人，其在财富、教育资源、生活保障上会提供必要的帮助，并支持孩子和原告进行必要的亲子联络。

法院认为，父母与子女间的关系，不因父母离婚而消除。离婚后，子女无论由父或母直接抚养，仍是父母双方的子女。离婚后，父母对子女仍有抚养和教育的权利、义务。对于子女的抚育，应从有利于子女身心健康、保障子女的合法权益出发，结合父母双方的抚养能力和抚养条件等具体情况妥善解决。首先，原、被告离婚后，双方均再婚，再婚后未再育。就抚养能力、生活环境而言，原、被告的经济条件及居住状况相当，双方均能够为张乙提供抚养的经济条件。其次，从教育方式和教育理念来看，原、被告的教育方式和理念截然相反。原告的教育方式着重培养孩子适度的独立生活能力，而被告则采取了刚性教育方式，一方面确实带领孩子完成了从普通到优秀的成绩转变，但另一方面也导致孩子内心对应试型的刚性教育存在强烈的抵触、反感情绪，不仅不快乐，还对生活产生了悲观态度。故从孩子的身心健康出发，应当培养其自主学习、热爱学习的学习态度和学习习惯。最后，原、被告之女张乙已就读初中，能够清晰、明确地表达自己的想法与主张。诉讼中，张乙明确表达了要求随原告共同生活的强烈意愿，并充分说明了理由。就张乙对自己生活所做的选择，法院予以充分尊重。由于离异家庭子女存在心理敏感性，而被告多年严厉的教育方式，使其无法感知来自父亲的温情。步入青春期成长阶段的孩子更加渴望被尊重、被理解，更加需要家长保持平和的心态，用积极的态度、科学的知识、正确的方法引导孩子。综上所述，张乙随原告共同生活更为适宜。

● 相关案例索引

陈某、李某离婚及变更抚养关系纠纷案（阳江法院贯彻实施民法典典型案例①之案例五）

陈某与李某于 2011 年结婚，后于 2012 年生育儿子陈某某。婚后夫妻矛盾加剧，李某自 2014 年起带儿子回阳江居住，而陈某在异地居住，双方长期分居。李某与儿子回阳江后一直在李某父母家居住，儿子陈某某在阳江上学。与李某分居后，陈某曾三次提起诉讼请求离婚，法院于 2020 年判决准许陈某与李某离婚，儿子陈某某由李某抚养，陈某有探望儿子的权利。判决生效后，陈某某继续在阳江生活、读书，由李某及李某的父母照顾。离婚后，陈某曾私自到儿子的学校，意图将儿子接走，李某接到老师的通知后及时进行了阻止。此后，双方就儿子的抚养权问题多次产生矛盾，陈某遂于 2021 年诉至法院，请求变更抚养关系。

生效判决认为，父母离婚后，对于婚生子女仍有抚养的权利和义务。陈某与李某均有稳定的工作和居所，考虑到陈某某出生后一直跟随李某生活，由李某照顾较多，并且自 2014 年起一直在阳江生活，由李某及其父母照顾，已熟悉当地的生活环境，并已在当地接受义务教育，从有利于子女身心健康成长、保障子女的合法权益出发，应确定陈某某由李某抚养。

---

① 载阳江法院网，https://www.gdyjfy.gov.cn/20220714-2141.html，最后访问时间：2023 年 8 月 21 日。

《最高人民法院关于适用〈中华人民共和国民法典〉婚姻家庭编的解释（一）》第 44~48 条、第 54~57 条

第一千零八十五条　离婚后子女抚养费的负担

离婚后，子女由一方直接抚养的，另一方应当负担部分或者全部抚养费。负担费用的多少和期限的长短，由双方协议；协议不成的，由人民法院判决。

前款规定的协议或者判决，不妨碍子女在必要时向父母任何一方提出超过协议或者判决原定数额的合理要求。

● 条文注释

抚养费的数额可以根据子女的实际需要、父母双方的负担能力和当地的实际生活水平确定。有固定收入的，抚养费一般可以按其月总收入的百分之二十至百分之三十的比例给付。负担两个以上子女抚养费的，比例可以适当提高，但一般不得超过月总收入的百分之五十。无固定收入的，抚养费的数额可以依据当年总收入或者同行业平均收入，参照上述比例确定。有特殊情况的，可以适当提高或者降低上述比例。

抚养费应当定期给付，有条件的可以一次性给付。父母一方无经济收入或者下落不明的，可以用其财物折抵抚养费。父母双方可以协议由一方直接抚养子女并由直接抚养方负担子女全部抚养费。但是，直接抚养方的抚养能力明显不能保障子女所需费用，影响子女健康成长的，人民法院不予支持。

抚养费的给付期限，一般至子女十八周岁为止。十六周岁以上不满十八周岁，以其劳动收入为主要生活来源，并能维持当地一般生活水平的，父母可以停止给付抚养费。具有下列情形之一，子女要求有

负担能力的父或者母增加抚养费的，人民法院应予支持：（1）原定抚养费数额不足以维持当地实际生活水平；（2）因子女患病、上学，实际需要已超过原定数额；（3）有其他正当理由应当增加。

● *实用问答*

问：父母均拒绝抚养子女，如何处理？

答：《最高人民法院关于适用〈中华人民共和国民法典〉婚姻家庭编的解释（一）》第六十条规定，在离婚诉讼期间，双方均拒绝抚养子女的，可以先行裁定暂由一方抚养。第六十一条规定，对拒不履行或者妨害他人履行生效判决、裁定、调解书中有关子女抚养义务的当事人或者其他人，人民法院可依照民事诉讼法的规定采取强制措施。

● *相关规定*

《妇女权益保障法》第49条；《最高人民法院关于适用〈中华人民共和国民法典〉婚姻家庭编的解释（一）》第49～53条、第58～61条

第一千零八十六条 **探望子女权利**

离婚后，不直接抚养子女的父或者母，有探望子女的权利，另一方有协助的义务。

行使探望权利的方式、时间由当事人协议；协议不成的，由人民法院判决。

父或者母探望子女，不利于子女身心健康的，由人民法院依法中止探望；中止的事由消失后，应当恢复探望。

● *条文注释*

探望权不仅可以满足父或母对子女的关心、抚养和教育的情感需

要，保持和子女的往来，及时、充分地了解子女的生活、学习情况，更好地对子女进行抚养教育，而且可以增加子女和非直接抚养方的沟通与交流，减轻子女的家庭破碎感，有利于子女的健康成长。子女从出生的那一刻起就有获得父爱、母爱的权利，这些权利是他们健康成长的必要条件，更是社会安定的重要因素，规定探望权有利于保护子女受关爱的权利，并对社会道德起到重要的导向作用。

探望权是探望权人的法定权利，法律应该保护探望人的探望权，但是探望权也涉及抚养方和子女的利益，可能损害相关人尤其是子女的合法权益，有必要从立法上加以限制。探望权中止制度是通过中止探望权人在一定时间内行使探望权，来保护相关人的权益。但探望权毕竟是一项重要的人身权利，中止探望权对探望权人影响巨大，法律也应该从制度上保障探望权人的探望权不被任意剥夺。为平衡两者利益，本条规定了探望权中止的法定理由和方式。

人民法院作出的生效的离婚判决中未涉及探望权，当事人就探望权问题单独提起诉讼的，人民法院应予受理。当事人在履行生效判决、裁定或者调解书的过程中，一方请求中止探望的，人民法院在征询双方当事人意见后，认为需要中止探望的，应当依法作出裁定；中止探望的情形消失后，人民法院应当根据当事人的请求书面通知其恢复探望。未成年子女、直接抚养子女的父或者母以及其他对未成年子女负担抚养、教育、保护义务的法定监护人，有权向人民法院提出中止探望的请求。

● *实用问答*

问：一方不协助另一方行使探望权，能否强制执行？

答： 不能。《最高人民法院关于适用〈中华人民共和国民法典〉婚姻家庭编的解释（一）》第六十八条规定，对于拒不协助另一方行使探望权的有关个人或者组织，可以由人民法院依法采取拘留、罚款等强制措施，但是不能对子女的人身、探望行为进行强制执行。

● **相关规定**

《最高人民法院关于适用〈中华人民共和国民法典〉婚姻家庭编的解释（一）》第65~68条

第一千零八十七条 离婚时夫妻共同财产的处理

离婚时，夫妻的共同财产由双方协议处理；协议不成的，由人民法院根据财产的具体情况，按照照顾子女、女方和无过错方权益的原则判决。

对夫或者妻在家庭土地承包经营中享有的权益等，应当依法予以保护。

● **条文注释**

当事人依照本条签订的离婚协议中关于财产以及债务处理的条款，对男女双方具有法律约束力。登记离婚后当事人因履行上述协议发生纠纷提起诉讼的，人民法院应当受理。当事人达成的以协议离婚或者到人民法院调解离婚为条件的财产以及债务处理协议，如果双方离婚未成，一方在离婚诉讼中反悔的，人民法院应当认定该财产以及债务处理协议没有生效，并根据实际情况依照本条和本法第一千零八十九条的规定判决。

夫妻双方协议离婚后就财产分割问题反悔，请求撤销财产分割协议的，人民法院应当受理。人民法院审理后，未发现订立财产分割协议时存在欺诈、胁迫等情形的，应当依法驳回当事人的诉讼请求。

夫妻双方分割共同财产中的股票、债券、投资基金份额等有价证券以及未上市股份有限公司股份时，协商不成或者按市价分配有困难的，人民法院可以根据数量按比例分配。

人民法院审理离婚案件，涉及分割夫妻共同财产中以一方名义在有限责任公司的出资额，另一方不是该公司股东的，按以下情形分别处理：（1）夫妻双方协商一致将出资额部分或者全部转让给该股东的配偶，其他股东过半数同意，并且其他股东均明确表示放弃优先购买权的，该股东的配偶可以成为该公司股东；（2）夫妻双方就出资额转让份额和转让价格等事项协商一致后，其他股东半数以上不同意转让，但愿意以同等条件购买该出资额的，人民法院可以对转让出资所得财产进行分割。其他股东半数以上不同意转让，也不愿意以同等条件购买该出资额的，视为其同意转让，该股东的配偶可以成为该公司股东。用于证明股东同意的证据，可以是股东会议材料，也可以是当事人通过其他合法途径取得的股东的书面声明材料。

人民法院审理离婚案件，涉及分割夫妻共同财产中以一方名义在合伙企业中的出资，另一方不是该企业合伙人的，当夫妻双方协商一致，将其合伙企业中的财产份额全部或者部分转让给对方时，按以下情形分别处理：（1）其他合伙人一致同意的，该配偶依法取得合伙人地位；（2）其他合伙人不同意转让，在同等条件下行使优先购买权的，可以对转让所得的财产进行分割；（3）其他合伙人不同意转让，也不行使优先购买权，但同意该合伙人退伙或者削减部分财产份额的，可以对结算后的财产进行分割；（4）其他合伙人既不同意转让，也不行使优先购买权，又不同意该合伙人退伙或者削减部分财产份额的，视为全体合伙人同意转让，该配偶依法取得合伙人地位。

夫妻以一方名义投资设立个人独资企业的，人民法院分割夫妻在该个人独资企业中的共同财产时，应当按照以下情形分别处理：（1）一方主张经营该企业的，对企业资产进行评估后，由取得企业资产所有权一方给予另一方相应的补偿；（2）双方均主张经营该企业的，在双方竞价基础上，由取得企业资产所有权的一方给予另一方相应的补偿；（3）双方均不愿意经营该企业的，按照《个人独资企业法》等有关规定办理。

双方对夫妻共同财产中的房屋价值及归属无法达成协议时，人民法院按以下情形分别处理：（1）双方均主张房屋所有权并且同意竞价取得的，应当准许；（2）一方主张房屋所有权的，由评估机构按市场价格对房屋作出评估，取得房屋所有权的一方应当给予另一方相应的补偿；（3）双方均不主张房屋所有权的，根据当事人的申请拍卖、变卖房屋，将所得价款进行分割。

离婚时，双方对尚未取得所有权或者尚未取得完全所有权的房屋有争议且协商不成的，人民法院不宜判决房屋所有权的归属，应当根据实际情况判决由当事人使用。当事人就该房屋取得完全所有权后，有争议的，可以另行向人民法院提起诉讼。

夫妻一方婚前签订不动产买卖合同，以个人财产支付首付款并在银行贷款，婚后用夫妻共同财产还贷，不动产登记于首付款支付方名下的，离婚时该不动产由双方协议处理。不能达成协议的，人民法院可以判决该不动产归登记一方，尚未归还的贷款为不动产登记一方的个人债务。双方婚后共同还贷支付的款项及其相对应财产增值部分，离婚时应根据本条第一款规定的原则，由不动产登记一方对另一方进行补偿。

婚姻关系存续期间，双方用夫妻共同财产出资购买以一方父母名义参加房改的房屋，登记在一方父母名下，离婚时另一方主张按照夫妻共同财产对该房屋进行分割的，人民法院不予支持。购买该房屋时的出资，可以作为债权处理。

离婚时，夫妻一方尚未退休、不符合领取基本养老金条件，另一方请求按照夫妻共同财产分割基本养老金的，人民法院不予支持；婚后以夫妻共同财产缴纳基本养老保险费，离婚时一方主张将养老金账户中婚姻关系存续期间个人实际缴纳部分及利息作为夫妻共同财产分割的，人民法院应予支持。

婚姻关系存续期间，夫妻一方作为继承人依法可以继承的遗产，在继承人之间尚未实际分割，起诉离婚时另一方请求分割的，人民法院应当告知当事人在继承人之间实际分割遗产后另行起诉。

夫妻之间订立借款协议，以夫妻共同财产出借给一方从事个人经营活动或者用于其他个人事务的，应视为双方约定处分夫妻共同财产的行为，离婚时可以按照借款协议的约定处理。离婚后，一方以尚有夫妻共同财产未处理为由向人民法院起诉请求分割的，经审查该财产确属离婚时未涉及的夫妻共同财产，人民法院应当依法予以分割。

● *典型案例*

周某、石某离婚纠纷案 ［江苏法院家事纠纷典型案例（2021—2022年度)① 之案例6］

石某（男）与周某（女）于2016年2月登记结婚。婚前，石某母亲全资为儿子购买房屋一套。2018年办理房屋产权登记时，石某将周某登记为房屋共同共有人，后双方产生矛盾分居。2021年9月，周某诉至法院要求离婚并主张分割案涉房屋50%的份额。石某认为，案涉房屋系母亲赠与自己的，不应作为夫妻共同财产分割，且周某在离

---

① 载江苏法院网，http://www.jsfy.gov.cn/article/95069.html，最后访问时间：2023年8月21日。

婚前两年内存在转移夫妻共同财产的行为。

江苏省徐州市泉山区人民法院经审理认为，石某与周某婚后缺乏沟通交流，夫妻感情出现隔阂，双方已分居两年，感情确已破裂，应准予离婚。案涉房屋虽系石某母亲于双方婚前出资为石某购买，但在婚姻关系存续期间登记在双方名下，应认定为夫妻共同财产。综合考虑购房出资情况、双方婚姻关系存续时间、双方对离婚均有过错以及周某存在转移夫妻共同财产的行为等情形，遂判决：准予石某与周某离婚，案涉房屋归石某所有，石某支付周某房屋价值25%的补偿。周某不服一审判决，提出上诉。江苏省徐州市中级人民法院判决驳回上诉，维持原判。

● **相关规定**

《妇女权益保障法》第47~48条；《最高人民法院关于适用〈中华人民共和国民法典〉婚姻家庭编的解释（一）》第69~83条

第一千零八十八条　离婚经济补偿

夫妻一方因抚育子女、照料老年人、协助另一方工作等负担较多义务的，离婚时有权向另一方请求补偿，另一方应当给予补偿。具体办法由双方协议；协议不成的，由人民法院判决。

● **条文注释**

夫妻离婚之后一方发生经济补偿责任的条件是：（1）一方在家庭生活中付出较多义务。一方在家庭生活中付出较多义务，是指在婚姻关系存续期间，夫妻一方比另一方付出的抚育子女、照料老人、协助另一方工作等义务更多，对家庭的建设贡献较大。（2）双方婚姻关系已经解除。双方因为离婚而使婚姻关系解除，是发生经济补偿责任的必要条件。（3）付出较多义务的一方依法提出进行经济补偿的请求。

实行经济补偿义务，由共同生活中付出义务较多的一方当事人提出经济补偿请求，补偿的数额应当由双方协商解决。协商不成的，向法院起诉，由人民法院判决。人民法院判决时，应考虑请求权人付出义务的大小、请求权人因此受到损失的情况、另一方从中受益的情况等，综合确定。

● **实用问答**

问：本条规定只适用于妻子一方吗？

答：不。本条没有限定为妻子一方，而是"夫妻一方"。观念落后守旧的人往往认为妇女在抚育子女、照顾老人、协助另一方工作等方面应当付出较多，但是，这种观点明显不符合男女平等的基本理念，亦不符合许多家庭的实际情况。无论家庭分工模式如何，照顾家庭较多的一方在离婚时都应当得到适当的补偿。

● **典型案例**

1. 梁某乐、李某芳离婚纠纷案 ［广东法院贯彻实施民法典典型案例（第一批)① 之案例八］

梁某乐、李某芳于 2017 年通过相亲认识，经自由恋爱后于同年 11 月登记结婚，并于 2018 年 10 月生育女儿小欣。双方婚后因生活琐事经常发生矛盾，李某芳于 2021 年 4 月带女儿回到母亲家中居住，双方开始分居。梁某乐认为，夫妻双方感情已经破裂，诉至法院，请求判决双方离婚，女儿归梁某乐抚养。在审理过程中，李某芳表示同

---

① 载广东法院网，http://www.gdcourts.gov.cn/gsxx/quanweifabu/anlihuicui/content/post_1047260.html，最后访问时间：2023 年 8 月 21 日。

意离婚，请求法院判决女儿由其抚养，并提出因怀孕和照顾年幼的孩子，其婚后一直没有工作，要求梁某乐向其支付家务补偿款 2 万元。

江门市新会区人民法院生效判决认为，梁某乐和李某芳经自愿登记结婚并生育女儿，有一定的夫妻感情，但在婚姻关系存续期间，未能相互包容、缺乏理性沟通，导致夫妻感情逐渐变淡。特别是发生争吵后，双方不能正确处理夫妻矛盾，导致分居至今，双方均同意离婚。经法院调解，双方感情确已破裂，没有和好的可能。依照民法典关于家务劳动补偿制度的规定，李某芳在结婚前与母亲一起经营餐饮店，婚后因怀孕和抚育子女负担较多家庭义务未再继续工作而无经济收入，梁某乐应当给予适当补偿。结合双方婚姻关系存续的时间、已分居的时间及梁某乐的收入情况等因素，酌定经济补偿金额。2021 年 4 月 9 日，判决准予双方离婚；女儿由李某芳直接抚养，梁某乐每月支付抚养费，享有探视权；梁某乐一次性支付给李某芳家务补偿款 1 万元。

2. 胡某艳、陈某高离婚纠纷案 (2021 年度江西省全省法院贯彻实施民法典十大典型案例①之案例六)

原告胡某艳与被告陈某高自由恋爱，于 1998 年 10 月 16 日登记结婚。双方于 1998 年 2 月 15 日生育大儿子胡某志（已年满十八周岁）；于 2010 年 12 月 11 日生育小儿子胡某勇（已年满八周岁）。婚后二人居住在原告父母名下的自建房屋内，无共同财产、无共同债务。婚后夫妻二人因家庭琐事等问题发生矛盾，长期分居生活。原告曾于 2019 年 6 月 10 日起诉过离婚，经判决不准离婚后，双方未共同生活，也未有效沟通，原告认为夫妻感情已完全破裂，遂再次诉至法院。

---

① 载江西政法网，https://www.jxzfw.gov.cn/2022/0110/2022011038248.html，最后访问时间：2023 年 8 月 21 日。

萍乡市湘东区人民法院经审理认为，原告胡某艳与被告陈某高分居生活已满两年以上，被告同意离婚，夫妻感情确已完全破裂，对原告提出的离婚请求，依法予以支持。原、被告分居期间，婚生子胡某勇随原告生活，且自愿与原告共同生活，从有利于小孩成长考虑出发，不改变小孩生活现状由原告抚养为宜。因被告在与原告共同生活的过程中，对家庭负担了较多的义务，故原告应对被告给予一定的补偿。法院判决准许原告胡某艳与被告陈某高离婚；婚生小孩胡某勇由原告胡某艳抚养，抚养费用自理；原告胡某艳于本判决生效后三十日内支付被告陈某高补偿款 5 万元。宣判后，原、被告均未上诉，判决已经生效。

● *相关案例索引*

黄某逢、梁某离婚纠纷案（阳江法院贯彻实施民法典典型案例[①]之案例四）

黄某逢与梁某于 1995 年登记结婚，后于 1997 年生育一子黄某财，于 2002 年生育一子黄某喜。婚后双方经常为家庭琐事发生争吵并动手打架。黄某逢于 2014 年和 2015 年两次起诉至法院要求离婚，法院均未准许。但法院判决不准离婚后，双方之间的隔阂并未消除，黄某逢再次诉至法院要求离婚，而梁某要求如果离婚，黄某逢需向其支付经济补偿 50 万元。

生效判决认为，民法典第一千零八十八条规定，夫妻一方因抚育子女、照料老年人、协助另一方工作等负担较多义务的，离婚时有权向另一方请求补偿，另一方应当给予补偿。黄某逢与梁某的婚生儿子黄某财、黄某喜主要由梁某抚养成年，梁某在抚育子女方面负担了较

---

① 载阳江法院网，https：//www.gdyjfy.gov.cn/20220714 - 2141.html，最后访问时间：2023 年 8 月 21 日。

多义务，目前黄某财、黄某喜亦跟随梁某在其娘家居住。综合考量双方的财产状况、抚育子女等义务的负担情况，酌情确定黄某逢支付梁某经济补偿金5万元。

离婚时夫妻共同债务的清偿

离婚时，夫妻共同债务应当共同偿还。共同财产不足清偿或者财产归各自所有的，由双方协议清偿；协议不成的，由人民法院判决。

● **条文注释**

本条是对夫妻共同债务清偿方法的规定。

夫妻为共同生活或为履行抚养、赡养义务等所负债务，应认定为夫妻共同债务。离婚时，夫妻共同债务清偿的顺序是：

首先，夫妻共同债务应由夫妻共同清偿，即以共同财产清偿。具体有两种方法：（1）先清偿、后分割，即从夫妻共有财产中先清偿夫妻共同债务，然后对剩余的夫妻共有财产进行分割。清偿时以共同财产为限，清偿后不剩共同财产的，不再分割。（2）先分割、后清偿，即先分割共同财产和共同债务，然后以各自分得的财产清偿分得的债务。采用第一种方法，对于保护债权人的利益有利，符合"以共同财产清偿"的立法本意，因而应着重使用第一种方法。

夫妻一方死亡时分割夫妻共有财产，对于夫妻共同债务的清偿，原则上也有以上两种方法，但是侧重于使用第二种方法，即先从夫妻共有财产中分出一半，作为死亡一方的遗产范围，然后再从夫妻共同债务中分出一半，作为死者应负的债务份额，从遗产中清偿其应负的清偿份额。

其次，共同财产不足以清偿或者财产归各自所有的，由双方协议，按照协议约定的方法进行清偿。

最后，双方协议不成的，可以向法院起诉，由人民法院依法判决。

第一千零九十条　离婚经济帮助

离婚时，如果一方生活困难，有负担能力的另一方应当给予适当帮助。具体办法由双方协议；协议不成的，由人民法院判决。

● **条文注释**

确定适当经济帮助义务的条件是：（1）接受帮助的一方确有生活困难。一方生活困难，是指依靠个人财产和离婚时分得的财产无法维持当地基本生活水平的；一方离婚后没有住处的；离婚时，一方以个人财产中的住房对生活困难者帮助的形式，可以是房屋的居住权或者房屋的所有权。（2）提供经济帮助的一方应当有经济负担能力，不仅指实际生活水平，而且包括住房条件等。（3）法定的适当帮助仅限于离婚时，并非任何时间都可以请求。

提供适当经济帮助的办法，应当由双方当事人协议，协议不成时，由人民法院判决。确定适当经济帮助义务，应当考虑受助方的具体情况和实际需要，也要考虑帮助方的实际经济负担能力。如果受助方年龄较轻且有劳动能力，只是存在暂时性困难的，多采取一次性支付帮助费用的做法给付。如果受助方年老体弱，失去劳动能力，又没有生活来源的，一般要给予长期的妥善安排，确定定期金给付义务。

第一千零九十一条 离婚损害赔偿

有下列情形之一，导致离婚的，无过错方有权请求损害赔偿：

（一）重婚；

（二）与他人同居；

（三）实施家庭暴力；

（四）虐待、遗弃家庭成员；

（五）有其他重大过错。

● 条文注释

本条规定的"损害赔偿"，包括物质损害赔偿和精神损害赔偿。涉及精神损害赔偿的，适用《最高人民法院关于确定民事侵权精神损害赔偿责任若干问题的解释》的有关规定。损害赔偿责任的主体为离婚诉讼当事人中无过错方的配偶。人民法院判决不准离婚的案件，对于当事人基于本条提出的损害赔偿请求，不予支持。在婚姻关系存续期间，当事人不起诉离婚而单独依据本条提起损害赔偿请求的，人民法院不予受理。

人民法院受理离婚案件时，应当将本条等规定中当事人的有关权利义务，书面告知当事人。在适用本条时，应当区分以下不同情况：

（1）符合本条规定的无过错方作为原告基于该条规定向人民法院提起损害赔偿请求的，必须在离婚诉讼的同时提出。

（2）符合本条规定的无过错方作为被告的离婚诉讼案件，如果被告不同意离婚也不基于该条规定提起损害赔偿请求的，可以就此单独提起诉讼。

（3）无过错方作为被告的离婚诉讼案件，一审时被告未基于本条规定提出损害赔偿请求，二审期间提出的，人民法院应当进行调解；调解不成的，告知当事人另行起诉。双方当事人同意由第二审人民法院一并审理的，第二审人民法院可以一并裁判。

当事人在婚姻登记机关办理离婚登记手续后，以《民法典》本条规定为由向人民法院提出损害赔偿请求的，人民法院应当受理。但当事人在协议离婚时已经明确表示放弃该项请求的，人民法院不予支持。

● 实用问答

问：夫妻双方均有本条规定的过错，任意一方可以向另一方提出离婚损害赔偿请求吗？

答：不可以。《最高人民法院关于适用〈中华人民共和国民法典〉婚姻家庭编的解释（一）》第九十条规定，夫妻双方均有民法典第一千零九十一条规定的过错情形，一方或者双方向对方提出离婚损害赔偿请求的，人民法院不予支持。

● 典型案例

赵某某、陈某某离婚纠纷案①

赵某某与陈某某为夫妻关系。赵某某在婚姻关系存续期间存在出轨行为及家庭暴力，陈某某认为赵某某对离婚存在过错，故要求多分夫妻共同财产及获得损害赔偿。

法院经审理认为，赵某某存在出轨行为及家庭暴力，明显存在过错，夫妻因此产生冲突，最终导致感情破裂，赵某某对夫妻离婚负有

---

① 参见《佛山中院公布一批婚姻家庭典型案例》，载"佛山市中级人民法院"微信公众号，https：//mp.weixin.qq.com/s/DTStNS9JcwE-N6CqBnEKxw，最后访问时间：2023 年 8 月 21 日。

较大过错。根据照顾女方及无过错方权益的原则，以及法律关于损害赔偿的规定，最终判决离婚时陈某某应适当多分夫妻共同财产，并且获得损害赔偿。

● **相关规定**

《最高人民法院关于适用〈中华人民共和国民法典〉婚姻家庭编的解释（一）》第86~90条

第一千零九十二条 一方侵害夫妻财产的处理规则

夫妻一方隐藏、转移、变卖、毁损、挥霍夫妻共同财产，或者伪造夫妻共同债务企图侵占另一方财产的，在离婚分割夫妻共同财产时，对该方可以少分或者不分。离婚后，另一方发现有上述行为的，可以向人民法院提起诉讼，请求再次分割夫妻共同财产。

● **条文注释**

分割夫妻共同财产，少分或不分的法定事由是：（1）夫妻一方隐藏、转移、变卖、毁损、挥霍夫妻共同财产；（2）伪造夫妻共同债务企图侵占另一方财产。具有上述情形之一的，在离婚分割夫妻共同财产时，对隐藏、转移、变卖、毁损、挥霍夫妻共同财产或者伪造夫妻共同债务的一方，可以少分或者不分。

一般情况下，夫妻财产是在离婚时进行分割。如果是在离婚并实际分割了夫妻共同财产后，又发现了上述情形的，另一方当事人产生再次分割夫妻共同财产的请求权。在离婚后，另一方发现有上述行为的，可以向人民法院提起诉讼，请求再次分割夫妻共同财产，人民法院应当受理，并且按照查清的事实，对属于夫妻共同财产的部分进行再次分割。夫妻一方申请对配偶的个人财产或者夫妻共同财产采取保全措施的，人民法院可以在采取保全措施可能造成损失的范围内，根据实际情况，确定合理的财产担保数额。

● *实用问答*

问：请求再次分割夫妻共同财产的诉讼时效如何计算？

答：《最高人民法院关于适用〈中华人民共和国民法典〉婚姻家庭编的解释（一）》第八十四条规定，当事人依据民法典第一千零九十二条的规定向人民法院提起诉讼，请求再次分割夫妻共同财产的诉讼时效期间为三年，从当事人发现之日起计算。

● *典型案例*

朱某某、钟某离婚纠纷案[①]

朱某某提起离婚诉讼后撤回起诉，其出售夫妻共同房产后再次提起离婚诉讼。钟某以朱某某故意转移、隐匿夫妻共同财产为由，主张朱某某少分夫妻共同房产的出售款。

法院经审理认为，朱某某收到夫妻共同房产的出售款后短时间内取现或转账相当于夫妻共同房产出售款数额的款项，且没有合理说明用途，朱某某的行为使夫妻共同房产的出售款脱离了钟某的控制或支配，属于转移夫妻共同财产的行为，酌定钟某与朱某某按6：4的比例分割夫妻共同房产的出售款。

● *相关规定*

《最高人民法院关于适用〈中华人民共和国民法典〉婚姻家庭编的解释（一）》第84~85条

---

① 参见《佛山中院公布一批婚姻家庭典型案例》，载"佛山市中级人民法院"微信公众号，https://mp.weixin.qq.com/s/DTStNS9JcwE-N6CqBnEKxw，最后访问时间：2023年8月21日。

第五章　收　　养

第一节　收养关系的成立

第一千零九十三条　**被收养人的条件**

下列未成年人，可以被收养：

（一）丧失父母的孤儿；

（二）查找不到生父母的未成年人；

（三）生父母有特殊困难无力抚养的子女。

● 条文注释

收养，是指自然人领养他人的子女为自己的子女，依法创设拟制血亲亲子关系的身份法律行为。依收养身份法律行为创设的收养关系，就是拟制血亲的亲子关系，是基于收养行为的法律效力而发生的身份法律关系。在收养的身份法律行为中，当事人分别是收养人、被收养人和送养人。其中，领养他人子女为自己的子女的人是收养人，被他人收养的人为被收养人，将子女或者儿童送给他人收养的自然人或者社会组织为送养人。收养人为养父或养母，被收养人为养子或养女，送养人是被收养人的生父母或者其他人。

收养行为的特征是：（1）收养是身份法律行为，是要式行为。收养行为的性质属于身份行为，是建立身份关系的法律行为。收养行为的实施，使原来没有血亲关系的收养人和被收养人的身份关系发生改变，使收养人成为养父、养母，被收养人成为养子、养女，建立了拟制的亲子关系。这种身份行为关系到当事人尤其是被收养人的身份地位问题，必须是要式行为。（2）收养行为人应是具有特定法律身份的人。在一般的民事法律行为中，对行为人的身份通常不加限制，但收养行为涉及人的身份地位问题，所以法律规定了特别的限制：第一，收养人和被收养人必须是自然人，社会组织不具有这样的资格。第二，收养人、送养人和被收养人必须符合法律所规定的资格和条件，否则不得收养子女、送养子女或者被他人所收养。第三，收养只能发生在非直系血亲关系的自然人之间，原本就存在自然血亲关系的自然人之间，自然血缘密切，辈分分明，一旦收养，必然造成血缘关系的混乱，法律禁止直系血亲之间进行收养。第四，除了夫妻共同收养之外，禁止被收养人被二人所收养，目的在于避免违反亲子身份秩序，损害被收养人的利益。（3）收养行为是产生法律拟制血亲关系的行为。收养行为在收养人和被收养人及其近亲属之间产生亲子的权利义务关系，与自然血亲的亲子关系没有区别。这是收养与寄养的主要区别。这种血亲关系是拟制血亲关系，通过法律的拟制，使没有血亲关系的人发生血亲关系，其特点是，通过法律行为而设立，也可以通过法律行为而解除。（4）收养行为消灭养子女的自然血缘关系，但自然血缘关系仍然存在。收养行为消灭被收养人与其生父母之间的权利义务关系，但子女被他人收养之后，原有的自然血亲关系并没有完全消灭。基于出生而发生的血缘关系，是不可能人为加以消灭的。因此，收养的效力不及于自然血亲关系，法律有关自然血亲关系的一些规定，如禁止近亲结婚等，不受收养的影响。

收养的基本原则是：（1）有利于被收养的未成年人的抚养、成长原则。实行收养制度的首要目的，在于使未成年的被收养人，包括丧失父母的孤儿、查找不到生父母的弃儿、出于某些原因生父母不能抚育的子女，能够在收养人的抚育下健康成长。对于收养孤儿、残疾儿童、查找不到父母的弃儿以及继子女，法律都规定了较为宽松的条件，体现的就是这一原则。（2）保证被收养人和收养人的合法权益原则。收养法律关系既关系到被收养人的利益，也关系到收养人的权益，都必须得到法律的保护。保护的标准，就是养父母子女关系适用法律关于父母子女关系的规定。贯彻这一规定，就体现了保护被收养人和收养人的合法权益的原则。（3）平等自愿原则。收养行为是民事法律行为，平等自愿是实施一切民事法律行为的基本原则，收养当然不能例外。收养行为的当事人、收养关系的主体，都完全处于平等的地位，实施收养行为必须各方出于自愿。贯彻平等自愿原则，就是要通过协议的方式，各方当事人能表达自己的真实意志。（4）不得违背社会公德原则。这一原则是民法公序良俗原则的体现。实施收养行为必须依法办事，尊重当事人的意志，同时也要遵守社会公德，不能违反善良风俗。对收养当事人的行为应当加以必要的约束，不能妨害社会公德和社会秩序。

第一千零九十四条　送养人的条件

下列个人、组织可以作送养人：

（一）孤儿的监护人；

（二）儿童福利机构；

（三）有特殊困难无力抚养子女的生父母。

● **条文注释**

送养人的适格条件包括：

第一，孤儿的监护人。孤儿是未成年人，其监护人可以送养，但须符合本法总则编第二十七条第二款规定的条件，即"未成年人的父母已经死亡或者没有监护能力的，由下列有监护能力的人按顺序担任监护人：（一）祖父母、外祖父母；（二）兄、姐；（三）其他愿意担任监护人的个人或者组织，但是须经未成年人住所地的居民委员会、村民委员会或者民政部门同意"。监护人送养孤儿的，还须符合本法婚姻家庭编第一千零九十六条规定，即"监护人送养孤儿的，应当征得有抚养义务的人同意。有抚养义务的人不同意送养、监护人不愿意继续履行监护职责的，应当依照本法第一编的规定另行确定监护人"。

第二，儿童福利机构。我国的儿童福利机构是指各地民政部门主管的收容、养育孤儿和查找不到生父母的弃婴、儿童的社会福利院，是各级人民政府的民政部门兴办的慈善机构。对于他们养育的孤儿、查找不到生父母的弃婴、儿童，儿童福利机构可以送养给合格的收养人。

第三，有特殊困难无力抚养子女的生父母，也可以将未成年子女送养，这有利于子女的健康成长。有特殊困难无力抚养子女的生父母，必须双方共同送养，如果生父母一方不明或者查找不到的，可以单方送养；生父母一方死亡，对方配偶可以送养子女，但死亡一方的父母主张优先抚养权的，构成送养的法定障碍，该父母则行使优先抚养权，生父母一方不得送养；未成年人的父母均不具有完全民事行为能力的，该未成年人的监护人不得将其送养，但父母对该未成年人有严重危害可能的，则监护人可以将其送养。

第一千零九十五条　监护人送养未成年人的情形

未成年人的父母均不具备完全民事行为能力且可能严重危害该未成年人的，该未成年人的监护人可以将其送养。

监护人送养孤儿的限制及变更监护人

监护人送养孤儿的，应当征得有抚养义务的人同意。有抚养义务的人不同意送养、监护人不愿意继续履行监护职责的，应当依照本法第一编的规定另行确定监护人。

● **条文注释**

监护人送养孤儿须具备的条件是：（1）未成年人丧失父母，是孤儿；（2）该孤儿在监护人的监护之下，是被监护人；（3）将其送养是出于保护孤儿权益的需要；（4）监护人送养被监护的孤儿须征得有抚养义务的人同意，有抚养义务的人，是指民法典婚姻家庭编第一千零七十四条、第一千零七十五条规定的有负担能力的祖父母、外祖父母和兄、姐。如果有抚养义务的人不同意将该孤儿送养，监护人又不愿意继续履行监护职责的，应当依照本法总则编的规定另行确定监护人。

生父母送养子女的原则要求与例外

生父母送养子女，应当双方共同送养。生父母一方不明或者查找不到的，可以单方送养。

● **典型案例**

汪甲等解除收养关系纠纷案①

汪甲是陈某前妻，李甲、李乙系夫妻关系。汪甲于 2021 年 6 月 11 日生育一女汪乙，3 日后，汪甲未经丈夫陈某同意便将女儿汪乙送给李甲、李乙抚养，至今未到民政局办理收养登记。汪乙随李甲、李乙生活后更名为李丙。2022 年 11 月 17 日，李甲、李乙生育一女李

———————

① 该案为编者根据工作、研究所得改编而成。

丁。汪甲和陈某以李甲、李乙抚养两个子女、经济拮据且收养违法为由诉请解除收养关系。

法院认为，生父母送养子女，须双方共同送养。生父母一方不明或者查找不到的可以单方送养。收养应当向县级以上人民政府民政部门登记。收养关系当事人应当亲自到收养登记机关办理成立收养关系的登记手续。夫妻共同收养子女的，应当共同到收养登记机关办理登记手续。收养关系自登记之日起成立。本案原告汪甲将女儿汪乙（后更名为李丙）送二被告李甲、李乙抚养，未经其生父陈某同意，且至今未办理收养登记，不符合收养的实质要件与形式要件，故二被告李甲、李乙收养李丙的行为无效，收养关系不成立。只有合法的收养关系才能依法解除，而本案收养关系不成立，故对原告的诉讼请求不予支持。

第一千零九十八条　收养人条件

收养人应当同时具备下列条件：

（一）无子女或者只有一名子女；

（二）有抚养、教育和保护被收养人的能力；

（三）未患有在医学上认为不应当收养子女的疾病；

（四）无不利于被收养人健康成长的违法犯罪记录；

（五）年满三十周岁。

● **条文注释**

合格的收养人应当同时具备以下条件：

第一，无子女或者只有一名子女。无子女者，包括未婚者无子女、已婚者无子女以及因欠缺生育能力而不可能有子女等情形。无子女或者只有一名子女的"子女"，包括婚生子女、非婚生子女及拟制血亲的子女。

第二，有抚养教育被收养人的能力。不仅要考虑收养人的经济负担能力，而且要考虑在思想品德等方面是否有抚养教育的能力。其标准，应当不低于对监护人监护能力的要求。

第三，未患有在医学上认为不应当收养的疾病。在医学上认为不应当收养子女的疾病，是指危害养子女健康的传染性疾病或者危害养子女人身安全的精神性疾病。

第四，无不利于被收养人健康成长的违法犯罪记录。这有利于被收养人得以在良好的环境中健康成长。

第五，年满三十周岁。收养人须年满三十周岁，是对有配偶者双方和无配偶者的共同要求。但特殊情形应当依照特别规定。本法第一千一百零三条规定，继父或者继母经继子女的生父母同意，可以收养继子女，并可以不受本条的规定，继而继父或者继母不受年龄满三十周岁的限制。

除上述规定外，本编还对收养人的条件作了其他规定。第一，基于伦理道德的考虑，第一千一百零二条规定："无配偶者收养异性子女的，收养人与被收养人的年龄应当相差四十周岁以上。"第二，为了有利于夫妻和睦和对被收养人的抚养教育及收养关系的稳定，第一千一百零一条规定："有配偶者收养子女，应当夫妻共同收养。"

第一千零九十九条　三代以内旁系同辈血亲的收养

收养三代以内旁系同辈血亲的子女，可以不受本法第一千零九十三条第三项、第一千零九十四条第三项和第一千一百零二条规定的限制。

华侨收养三代以内旁系同辈血亲的子女，还可以不受本法第一千零九十八条第一项规定的限制。

收养三代以内旁系同辈血亲的子女，多是同一家族内亲属之间相互协商的结果，不必限制过多，因此可以不受本法第一千零九十三条第三项关于被送养人为"生父母有特殊困难无力抚养的子女"、第一千零九十四条第三项关于送养人为"有特殊困难无力抚养子女的生父母"和第一千一百零二条关于"无配偶者收养异性子女的，收养人与被收养人的年龄应当相差四十周岁以上"规定的限制。华侨收养三代以内旁系同辈血亲的子女，不仅不受上述三个规定的限制，而且可以不受本法第一千零九十八条第一项关于收养人"无子女或者只有一名子女"规定的限制。

第一千一百条 **收养人收养子女数量**

无子女的收养人可以收养两名子女；有子女的收养人只能收养一名子女。

收养孤儿、残疾未成年人或者儿童福利机构抚养的查找不到生父母的未成年人，可以不受前款和本法第一千零九十八条第一项规定的限制。

● 条文注释

对收养人收养子女数量的限制，是为了防止收养人因收养子女过多，照顾不暇，进而损害被收养人的利益，同时也防止出现借收养之名拐卖人口的情况。因此，本条第一款规定，无子女的收养人可以收养两名子女；有子女的收养人只能收养一名子女。这也体现了我国目前实行的全面二孩政策，能够使更多符合条件的未成年人有回归家庭、回归社会的机会，让其在养父母的抚养教育下健康成长。

鉴于爱心人士收养多名孤儿的善举，本条第二款规定，如果收养孤儿，或者收养残疾未成年人，或者收养儿童福利机构抚养的查找不到生父母的未成年人，都是应当受到鼓励的行为，因而可以不受无子女的收养人只能收养两名子女或者有子女的收养人只能收养一名子女的限制，也不受民法典婚姻家庭编第一千零九十八条第一项关于收养人无子女或者只有一名子女规定的限制。

第一千一百零一条　共同收养

有配偶者收养子女，应当夫妻共同收养。

● **条文注释**

有配偶者收养子女，只要符合收养子女的条件要求，是准许的，如双方没有子女，或者只有一名子女。但是，有配偶者收养子女应当夫妻共同收养，即配偶双方有收养子女的合意，不得单方收养，以避免发生一方主张收养，另一方否认收养，进而出现损害被收养人合法权益的情形。办理收养登记时，共同收养的夫妻中的一方不能亲自到场的，应当出具有效的委托书。此外，解除收养必须由夫妻双方共同解除。这是因为，如果准许单方解除收养，无法取得身份上的统一。如果属于无配偶者单方收养，或者收养人在收养时无配偶，终止收养时已有配偶的，可以单方提出解除收养关系。

第一千一百零二条　无配偶者收养异性子女的限制

无配偶者收养异性子女的，收养人与被收养人的年龄应当相差四十周岁以上。

继父或者继母经继子女的生父母同意，可以收养继子女，并可以不受本法第一千零九十三条第三项、第一千零九十四条第三项、第一千零九十八条和第一千一百条第一款规定的限制。

● **典型案例**

韩某1等解除收养关系纠纷案[①]

2023年2月，韩某2的生父去世，其生母带着被告嫁给了韩某1，韩某1和韩某2的母亲结婚后又生育了三个子女。在韩某1和韩某2共同生活期间，尤其是在韩某1生病住院期间，韩某1以韩某2照顾不周、无法继续共同生活为由，要求解除双方的收养关系。

法院认为，本案的焦点是：继子韩某2的生父去世，继父韩某1能否单方决定收养韩某2。继父或者继母经继子女的生父母同意，可以收养继子女，并不受部分限制。本案中，韩某2的生父去世后，其生母带着韩某2嫁给了韩某1，因此韩某1、韩某2之间的收养关系依法成立。养父母与成年子女关系恶化、无法共同生活的，可以协议解除收养关系。不能达成协议的，可以向人民法院起诉。本案中，韩某1坚决要求解除与韩某2（系成年子女）的收养关系，如果再继续共同生活对双方的正常生活确实不利。因此，韩某1要求与韩某2解除收养关系的诉讼请求，应予以支持，判决解除韩某1与韩某2的收养关系。

第一千一百零四条 收养自愿原则

收养人收养与送养人送养，应当双方自愿。收养八周岁以上未成年人的，应当征得被收养人的同意。

---

① 该案为编者根据工作、研究所得改编而成。

达成收养合意，应当具备以下条件：（1）双方自愿。收养人收养与送养人送养须双方自愿，意思表示一致。收养关系作为一种民事法律关系，以当事人平等自愿为其基本原则之一。成立收养关系须收养人同意收养和送养人同意送养。具体而言，应当由收养人和送养人在完全自愿的基础上依照法律规定的收养和送养条件达成协议。有配偶者收养子女，必须夫妻双方都同意共同收养。生父母送养子女，必须夫妻双方都自愿共同送养。收养社会福利机构抚养的孤儿，应当征得该社会福利机构的同意。（2）须经八周岁以上的被送养人同意。收养未满八周岁的未成年人，不必经过本人的同意。收养八周岁以上的未成年人，应当征得被收养人的同意。八周岁以上的未成年人是限制民事行为能力人，具有一定的识别能力和民事行为能力，是否接受被收养的事实，改变自己的身份关系，应当征得本人的同意。他（她）的同意，不构成收养的意思表示，但他（她）的不同意，构成收养合意的法律障碍，收养人和送养人即使达成收养合意，但由于有被收养人不同意的法律障碍，其收养合意无效。（3）成立收养的合意应符合法定的方式。有成立收养的合意，只能说明当事人有此共同意愿。通过法定形式进行外化，收养关系才能为国家所承认、为法律所保护。

第一千一百零五条 **收养登记、收养协议、收养公证及收养评估**

收养应当向县级以上人民政府民政部门登记。收养关系自登记之日起成立。

收养查找不到生父母的未成年人的，办理登记的民政部门应当在登记前予以公告。

收养关系当事人愿意签订收养协议的，可以签订收养协议。

收养关系当事人各方或者一方要求办理收养公证的，应当办理收养公证。

　　县级以上人民政府民政部门应当依法进行收养评估。

● **条文注释**

　　收养各方当事人达成收养合意，须经过收养登记，才能实现变更当事人之间身份关系的效果。故收养登记具有对收养合意的确认、国家承认收养行为以及当事人身份关系变更的公示等效力。收养查找不到生父母的未成年人的，办理登记的民政部门应当在登记前予以公告。办理收养登记的法定机关，是县级以上人民政府的民政部门。在地域管辖上，分为四种情形：（1）收养儿童福利机构抚养的查找不到生父母的弃婴、儿童和孤儿的，在儿童福利机构所在地的收养登记机关办理登记。（2）收养非儿童福利机构抚养的查找不到生父母的弃婴和儿童的，在弃婴和儿童发现地的收养登记机关办理登记。（3）收养生父母有特殊困难无力抚养的子女或者由监护人监护的孤儿的，在被收养人生父母或者监护人常住户口所在地（组织作监护人的，在该组织所在地）的收养登记机关办理登记。（4）收养三代以内同辈旁系血亲的子女以及继父或者继母收养继子女的，在被收养人生父或者生母常住户口所在地的收养登记机关办理收养登记。

　　收养登记的具体程序，一是申请。收养登记必须由当事人包括送养人、收养人以及年满八周岁以上的被收养人亲自到收养登记机关办理，夫妻共同收养、送养子女，一方不能亲自到场的，应当出具有效的委托书。收养人应当向登记机关出具收养登记申请书，内容包括收养人、送养人以及被收养人的基本情况，收养的目的以及收养人所作的不虐待、不遗弃和抚育被收养人健康成长的保证等。登记时，收养人与送养人应当提交办理收养登记所必需的各种证件和证明，以确认收养行为的合法性。二是审查。审查是收养登记的中心环节，包括各方当事人的条件是否符合法律规定，证件、证明是否齐全、有效，收养的目的是否正当，当事人意思表示是否真实等内容。审查期限是三十日，自收养登记机关收到收养登记申请书以及有关材料的次日起计算。收养查找不到生父母的弃婴和儿童的，需要公告六十日，该时限不计算在审查期限内。三是登记。经审查，对于符合条件的，应当准予收养登记，发给收养登记证，收养关系自登记之日起成立。对不符合规定的条件的，则不予登记，并对当事人说明理由。对于登记成立收养关系的，户籍部门应当对被收养人办理户籍的变更登记。

本条新规定的收养评估包括收养关系当事人的收养能力评估、融合期调查和收养后回访。

第一，收养能力评估，是指对有收养意愿的当事人（以下简称收养申请人）抚养、教育和保护被收养人的能力进行评估。主要包括对收养申请人个人和家庭基本状况、收养动机目的和养育安排以及收养申请人提交的证件和证明材料等情况进行全面调查，从而对收养申请人及其共同生活的家庭成员抚养、教育被收养人的能力作出综合评定。

第二，融合期调查，是指在收养登记办理前，对收养关系当事人之间的融合情况进行评估。主要包括对被收养人与收养申请人及其家庭成员共同生活、情感交融等情况，收养申请人履行临时监护职责情况，对被收养人的照料、抚育情况和（被）收养意愿等进行调查评估。

第三，收养后回访，是指收养登记办理后，对收养人与被收养人共同生活的情况进行评估。主要包括收养人对被收养人的养育、教育情况，被收养人的健康成长、受教育情况，双方情感交融情况等进行回访调查。

收养评估的对象是收养申请人及其共同生活的家庭成员。收养申请人应当配合收养评估的开展。收养评估工作可以由收养登记机关委托的第三方机构或者收养登记机关开展。民政部门优先采取委托第三方的方式开展收养评估。

● **相关规定**
《中国公民收养子女登记办法》第 2~4 条

第一千一百零六条　收养后的户口登记

收养关系成立后，公安机关应当按照国家有关规定为被收养人办理户口登记。

第一千一百零七条　亲属、朋友的抚养

孤儿或者生父母无力抚养的子女，可以由生父母的亲属、朋友抚养；抚养人与被抚养人的关系不适用本章规定。

第一千一百零八条　祖父母、外祖父母优先抚养权

配偶一方死亡，另一方送养未成年子女的，死亡一方的父母有优先抚养的权利。

● **条文注释**

祖父母、外祖父母与孙子女有血缘关系，感情较深，是法定的负有抚养义务的人，由他们抚养未成年的孙子女有利于他们的健康成长。因此，本条赋予了死亡一方的父母行使优先抚养未成年孙子女的权利，这一权利是另一方送养子女的法定障碍。如果祖父母或者外祖父母行使优先抚养权，收养人和送养人即使有收养合意，也不会发生法律效力，则被送养人由其祖父母或者外祖父母抚养。当然，由于优先抚养权是一项民事权利，祖父母或外祖父母作为权利人可以根据自由处分原则，通过明示或默示的方式放弃行使该权利。

第一千一百零九条　涉外收养

外国人依法可以在中华人民共和国收养子女。

外国人在中华人民共和国收养子女，应当经其所在国主管机关依照该国法律审查同意。收养人应当提供由其所在国有权机构出具的有关其年龄、婚姻、职业、财产、健康、有无受过刑事处罚等状况的证明材料，并与送养人签订书面协议，亲自向省、自治区、直辖市人民政府民政部门登记。

前款规定的证明材料应当经收养人所在国外交机关或者外交机关授权的机构认证，并经中华人民共和国驻该国使领馆认证，但是国家另有规定的除外。

● 条文注释

外国人在中国收养子女，要经过特别的收养程序：

（1）通过所在国收养组织向中国收养组织提出收养申请。《外国人在中华人民共和国收养子女登记办法》第四条规定，外国人在华收养子女，应当通过所在国政府或者政府委托的收养组织（以下简称外国收养组织）向中国政府委托的收养组织（以下简称中国收养组织）转交收养申请并提交收养人的家庭情况报告和证明。前款规定的收款人的收养申请、家庭情况报告和证明，是指由其所在国有权机构出具，经其所在国外交机关或者外交机关授权的机构认证，并经中华人民共和国驻该国使馆或者领馆认证的下列文件：跨国收养申请书；出生证明；婚姻状况证明；职业、经济收入和财产状况证明；身体健康检查证明；有无受过刑事处罚的证明；收养人所在国主管机关同意其跨国收养子女的证明；家庭情况报告，包括收养人的身份、收养的合格性和适当性、家庭状况和病史、收养动机以及适合于照顾儿童的特点等。在华工作或者学习连续居住一年以上的外国人在华收养子女，应当提交前款规定的除了身体健康检查证明以外的文件，并应当提交在华所在单位或者有关部门出具的婚姻状况证明，职业、经济收入或者财产状况证明，有无受过刑事处罚证明以及县级以上医疗机构出具的身体健康检查证明。

（2）中国送养人向我国民政部门提出送养申请。《外国人在中华人民共和国收养子女登记办法》第五条规定，中国送养人应当向省、自治区、直辖市人民政府民政部门提交本人的居民户口簿和居民身份证（社会福利机构作送养人的，应当提交其负责人的身份证件）、被收养人的户口簿证明等情况证明，并根据不同情况提交下列有关证明材料：第一，被收养人的生父母（包括已经离婚的）为送养人的，应当提交生父母有特殊困难无力抚养的证明和生父母双方同意送养的书面意见；其中，被收养人的生父或者生母因丧偶或者一方下落不明，由单方送养的，并应当提交配偶死亡或者下落不明的证明以及死亡的或者下落不明的配偶的父母不行使优先抚养权的书面声明。第二，被收养人的父母均不具备完全民事行为能力，由被收养人的其他监护人作送养人的，应当提交被收养人的父母不具备完全民事行为能力且对被收养人有严重危害的证明以及监护人有监护权的证明。第三，被收养人的父母均已死亡，由被收养人的监护人作送养人的，应当提交其生父母的死亡证明、监护人实际承担监护责任的证明，以及其他有抚养义务的人同意送养的书面意见。第四，由社会福利机构作送养人的，应当提交弃婴、儿童被遗弃和发现的情况证明以及查找其父母或者其他监护人的情况证明；被收养人是孤儿的，应当提交孤儿父母的死亡或者宣告死亡证明，以及有抚养孤儿义务的其他人同意送养的书面意见。送养残疾儿童的，还应当提交县级以上医疗机构出具的该儿童的残疾证明。

（3）涉外收养的审批与通知。《外国人在中华人民共和国收养子女登记办法》第六条、第七条规定，省、自治区、直辖市人民政府民政部门应当对送养人提交的证件和证明材料进行审查，对查找不到生父母的弃婴和儿童公告查找其生父母；认为被收养人、送养人符合收养法规定条件的，将符合收养法规定的被收养人、送养人名单通知中国收养组织，同时转交下列证件和证明材料：第一，送养人的居民户口簿和居民身份证（社会福利机构作送养人的，为其负责人的身份证件）复制件。第二，被收养人是弃婴或者孤儿的证明、户籍证明、成长情况报告和身体健康检查证明的复制件及照片。省、自治区、直辖市人民政府民政部门查找弃婴或者儿童生父母的公告应当在省级地方报纸上刊登。自公告刊登之日起满六十日，弃婴和儿童的生父母或者其他监护人未认领的，视为查找不到生父母的弃婴和儿童。

中国收养组织对外国收养人的收养申请和有关证明进行审查后，应当在省、自治区、直辖市人民政府民政部门报送的符合收养法规定条件的被收养人中，参照外国收养人的意愿，选择适当的被收养人，并将该被收养人及其送养人的有关情况通过外国政府或者外国收养组织送交外国收养人。外国收养人同意收养的，中国收养组织向其发出来华收养子女通知书，同时通知有关的省、自治区、直辖市人民政府民政部门向送养人发出被收养人已被同意收养的通知。关于涉外收养登记。根据《外国人在中华人民共和国收养子女登记办法》第八条、第九条、第十条的规定，收到中国收养组织的送养通知书后，外国人应当亲自来华办理收养登记。首先应当与送养人签订书面收养协议。协议一式三份，收养人、送养人各执一份，办理收养登记手续时收养登记机关收存一份。书面协议签订后，收养关系当事人应当共同到被收养人常住户口所在地的省、自治区、直辖市人民政府民政部门办理收养登记。

收养关系当事人办理收养登记时，收养人应当提供下列材料：第一，中国收养组织发出的来华收养子女通知书。第二，收养人的身份证件和照片。送养人应当提供下列材料：第一，省、自治区、直辖市人民政府民政部门发出的被收养人已被同意收养的通知。第二，送养人的居民户口簿和居民身份证（社会福利机构作送养人的，为其负责人的身份证件）、被收养人的照片。

● 相关规定

《外国人在中华人民共和国收养子女登记办法》第 2~4 条

第一千一百一十条　保守收养秘密

收养人、送养人要求保守收养秘密的，其他人应当尊重其意愿，不得泄露。

● 条文注释

收养、送养以及被收养，都涉及身份关系的改变，属于隐私的范畴。收养人、送养人要求保守收养秘密，就是为了防止泄露收养和送养以及被收养的隐私。其他人应当尊重收养、送养和被收养的秘密，不得向他人泄露，保护好收养人、送养人和被收养人的个人隐私。

保守收养秘密应有两个方面的含义：一是被收养人被收养的事实应当保密；二是原生家庭、收养家庭的具体信息应当保密。因为收养是在收养人与被收养人之间建立的拟制血亲关系，所以相较于血缘关系，收养关系更加脆弱，更容易受到外界的影响。立法将收养信息作为隐私进行保护，有助于稳定收养关系，有助于被收养的未成年人的健康成长。

第二节 收养的效力

第一千一百一十一条 收养的效力

自收养关系成立之日起，养父母与养子女间的权利义务关系，适用本法关于父母子女关系的规定；养子女与养父母的近亲属间的权利义务关系，适用本法关于子女与父母的近亲属关系的规定。

养子女与生父母以及其他近亲属间的权利义务关系，因收养关系的成立而消除。

● **条文注释**

1. 收养的拟制效力

收养的拟制效力，亦称为收养的积极效力，是指收养依法创设新的亲属身份关系及其权利义务的效力。收养的拟制效力不仅及于养父母和养子女以及养子女所出的晚辈直系血亲，同时及于养父母的血亲：（1）对养父母与养子女的拟制效力，主要体现在自收养关系成立之日，养父母与养子女之间发生父母子女之间的权利义务关系。（2）养子女与养子女的近亲属之间的权利义务关系，是养亲子关系在法律上的延伸。收养对养子女与养父母的近亲属的拟制效力，表现为养子女与养父母的近亲属以及养父母与养子女的近亲属之间发生的拟制效力，取得亲属的身份，发生权利义务关系。具体包括：养子女与养父母的父母发生祖孙的身份和权利义务；养子女与养父母的子女间，取得兄弟姐妹的身份，发生兄弟姐妹的权利义务；养父母对于养子女所出的晚辈直系血亲，也取得祖孙的身份，发生祖孙的权利义务关系。

2. 收养的解销效力

收养的解销效力，亦称收养的消极效力，是指收养依法消灭原有的亲属身份关系及其权利义务的效力。在完全收养中，其解销效力是养子女与生父母之间的权利义务完全消灭；在不完全收养中，养子女与生父母之间的权利义务不完全消灭，还保有法定的权利义务关系。我国立法采取前一立场，完全消灭养子女与生父母及其近亲属的权利义务。

收养的解销效力是养子女与生父母之间的权利义务完全消灭。（1）收养关系生效，其养子女与生父母之间身份消灭，他们之间的权利义务同时消灭。（2）收养关系生效，养子女与生父母以外的其他近亲属间的身份消灭，他们之间的权利义务关系也消灭。养子女与生父母的父母不再存在祖孙间的权利义务关系，与生父母的子女间不再存在兄弟姐妹间的权利义务关系。这种解销效力消灭的仅仅是法律意义上的父母子女关系，而不是自然意义上的父母子女关系。养子女与生父母之间基于出生而具有的直接血缘联系是客观存在的，无法通过法律手段加以改变。法律关于禁婚亲的规定仍然适用于养子女与生父母及其近亲属。

第一千一百一十二条　养子女的姓氏

养子女可以随养父或者养母的姓氏，经当事人协商一致，也可以保留原姓氏。

第一千一百一十三条　收养行为的无效

有本法第一编关于民事法律行为无效规定情形或者违反本编规定的收养行为无效。

无效的收养行为自始没有法律约束力。

无效收养行为，是指欠缺收养成立的法定有效要件，不能发生收养法律后果的收养行为。从性质上说，无效收养行为就是无效的民事法律行为。发生无效收养行为的原因是：（1）欠缺收养关系成立的实质要件，如收养人、送养人不具备相应的民事行为能力；收养人、送养人不符合本法规定的收养或送养条件；收养人、送养人关于收养的意思表示不真实；八周岁以上的被收养人不同意收养而被收养等。（2）欠缺收养关系成立的形式要件，如没有经过收养登记，欠缺收养成立的法定程序等。（3）违反法律、行政法规强制性规定或者违背公序良俗。例如，借收养之名拐卖儿童或者出卖亲生子女等。

收养行为被人民法院判决宣告无效的以及收养行为经过收养登记机关依照行政程序确认为无效的，收养无效具有溯及力，自始无效，而解除收养关系仅仅是在收养关系解除之时消灭养父母和养子女之间的权利义务关系，因而存在原则上的区别。

第三节　收养关系的解除

第一千一百一十四条　收养关系的协议解除与诉讼解除

收养人在被收养人成年以前，不得解除收养关系，但是收养人、送养人双方协议解除的除外。养子女八周岁以上的，应当征得本人同意。

收养人不履行抚养义务，有虐待、遗弃等侵害未成年养子女合法权益行为的，送养人有权要求解除养父母与养子女间的收养关系。送养人、收养人不能达成解除收养关系协议的，可以向人民法院提起诉讼。

收养关系解除，是指收养的法律效力发生后，因出现一定的法定事由，无法继续维持收养亲子关系，通过法定程序将其人为消灭。收养关系作为一种拟制的血亲关系，可以依法建立，也可以通过相应的法律手段解除。

本条禁止收养人在被收养人未成年时解除收养关系，以保护未成年被收养人的权益。因为在收养关系中，经济不能独立、生活仍然需要照料的未成年人处于绝对的弱势地位，为保护这一弱势群体，我国将被收养人健康成长作为收养立法的核心价值，体现在解除收养关系的程序上，即不允许收养人单方面解除收养关系。同时，本条也体现了平等自愿、意思自治的基本原则，赋予送养人一定条件下解除送养协议的权利。

收养关系解除的程序有两种：

1. 协议解除。协议解除收养关系适用于两种情况：一是在收养关系成立之后，被收养人成年之前，收养人和送养人双方可以通过协议解除收养关系；二是养父母与养子女间关系恶化，无法共同生活的，也可以通过协议解除收养关系。协议解除的条件是：（1）双方当事人必须有解除收养关系的合意。养子女未成年时，解除收养的合意是指收养人与送养人解除收养的意思表示一致；如果被收养人为八周岁以上的，还需要征求本人同意。养子女成年之后，解除收养的合意是指收养人和被收养人之间解除收养的意思表示一致。（2）当事人必须具有完全民事行为能力。收养人、被收养人以及送养人之中任何一方不具有相应的民事行为能力，都不能通过协议的方式解除收养关系，而只能通过诉讼，由人民法院裁判。（3）夫妻共同收养的，解除收养必须由夫妻双方共同解除。如果属于无配偶者单方收养，或者收养人在收养时无配偶终止收养时已有配偶的，可以单方提出解除收养关系。

2. 诉讼解除。收养关系当事人就解除收养关系不能达成协议的，收养人、送养人以及已经成年的被收养人可以向人民法院提起诉讼，由人民法院裁决收养关系是否予以解除。人民法院应当根据查明的事实，确认解除收养关系的真实原因、养亲子关系的现状和生活实际情况，作出判决。诉讼解除收养关系的适用主要有以下情形：（1）养子女为未成年人，收养人或者送养人要求解除收养关系。我国法律禁止收养人在被收养人未成年时解除收养关系，以保护未成年被收养人的权益。收养人和送养人达成一致意见协议解除的，不在此限。在一般情况下，收养人在被收养人未成年时提出解除收养关系诉讼请求的，法院应驳回其诉讼请求；如果生父母反悔，并用不正当手段破坏养亲子关系，以至于收养关系恶化，无法继续维持的，法院也可以判决解除收养关系。送养人要求解除收养关系的，如果是送养人一方反悔，养父母并无过错的，法院应从保护合法收养关系的原则出发，教育送养人应当遵守协议，驳回其诉讼请求。如果送养人有正当理由，如收养人对养子女不履行抚养义务，有虐待、遗弃以及其他侵害养子女的合法权益行为的，法院应当判决解除收养关系。（2）被收养人已成年，与收养人关系恶化，一方要求解除收养关系。应当根据双方关系的实际情况，本着维护收养关系当事人合法权益的原则，如果双方关系尚未恶化到无法共同生活的程度的，应当查明纠纷原因，着重调解和好；如果双方关系已经恶化到无法继续共同生活程度的，应当准予解除收养关系。

第一千一百一十五条 养父母与成年养子女解除收养关系

养父母与成年养子女关系恶化、无法共同生活的，可以协议解除收养关系。不能达成协议的，可以向人民法院提起诉讼。

● **典型案例**

李某方等解除收养关系纠纷案①

李某艳出生后不久即被李某方与前妻成某抱回家中抚养，共同在某村生活。李某艳父母均同意送养，双方未签订书面收养协议。2010年9月23日，成某因病去世，李某方于2022年再婚。李某艳婚后一年半与李某方共同居住，后搬至外地。李某方认为，李某艳搬走后未尽到日常照顾义务，对其再婚及再婚妻子落户有意见，双方关系恶化，遂向法院提起诉讼，请求解除其与李某艳的收养关系。李某艳辩称，其搬走后每年均看望李某方，给李某方钱，送李某方去医院看病，没有阻止过李某方再婚，亦同意配合落户，故不同意解除双方的收养关系。

一审法院认为，李某艳已成年，李某方以双方关系不好为由要求解除收养关系，李某艳不同意解除。养父女之间虽不存在血缘关系，但双方结缘源于养父母的慈念，父女情义在长达近二十年的养育中建立和稳固，现已到李某艳尽赡养义务之时。双方近年因家庭生活琐事产生矛盾，但远未到关系恶化需解除养父女关系之程度，故对李某方要求解除养父女关系的诉求不予支持，判决驳回李某方的诉讼请求。

李某方不服一审判决，提起上诉。二审法院认为，李某方年事已高，需要平和的心态和安定的生活环境，勉强维持双方的收养关系不利于李某方安度晚年，对于双方的生活亦无益处，故改判支持李某方解除其与李某艳养父女关系的诉讼请求。

> **第一千一百一十六条** 解除收养关系的登记
>
> 当事人协议解除收养关系的，应当到民政部门办理解除收养关系登记。

_____

① 该案为编者根据工作、研究所得改编而成。

第一千一百一十七条 收养关系解除的法律后果

收养关系解除后，养子女与养父母以及其他近亲属间的权利义务关系即行消除，与生父母以及其他近亲属间的权利义务关系自行恢复。但是，成年养子女与生父母以及其他近亲属间的权利义务关系是否恢复，可以协商确定。

第一千一百一十八条 收养关系解除后生活费、抚养费支付

收养关系解除后，经养父母抚养的成年养子女，对缺乏劳动能力又缺乏生活来源的养父母，应当给付生活费。因养子女成年后虐待、遗弃养父母而解除收养关系的，养父母可以要求养子女补偿收养期间支出的抚养费。

生父母要求解除收养关系的，养父母可以要求生父母适当补偿收养期间支出的抚养费；但是，因养父母虐待、遗弃养子女而解除收养关系的除外。

● **条文注释**

收养关系解除之后，发生对解除收养关系后成年养子女的生活费给付义务和养父母的补偿请求权的效力。一是成年养子女的生活费给付义务。收养解除之后，经养父母抚养的成年养子女，对缺乏劳动能力又缺乏生活来源的养父母，应当给付生活费。虽然法律上解除了收养关系，但是收养人对被收养人的多年抚养是客观存在的，付出很多，被抚养长大的养子女也应当对收养人尽到扶养的义务。但是，养子女给付养父母的生活费的数额，应根据养子女的负担能力和养父母的实际需要来判断，其标准一般应不低于当地居民的普通生活费用标准。具体的数额和给付方式，可以由养父母和养子女协商确定，协商

不成，可由人民法院酌情判定。二是养父母的补偿请求权。因为生父母反悔或因过错而导致解除收养关系，一定程度上伤害了养父母的感情，在经济上造成了一定的损失。因此，生父母应当给予养父母一定的补偿，以弥补养父母在抚育养子女期间发生的生活费、教育费等费用。但是，如果养父母存在虐待、遗弃养子女的行为，导致解除收养关系的，养父母无权要求生父母给予经济补偿。三是养子女成年后虐待、遗弃养父母而解除收养关系的，无论养父母是否有生活来源，养父母都可以要求养子女补偿收养期间支出的抚养费。这是对虐待、遗弃养父母的养子女的一种惩罚性规定。

● **典型案例**

何某等抚养费纠纷案 ［江苏法院家事纠纷典型案例（2021—2022年度)① 之案例 17］

何小某（女）系母亲钱某与案外人于 1995 年所生。1996 年 5 月，钱某带着何小某至何某（男）住处同居生活，并生育何某某，但钱某与何某未领取结婚证。2002 年左右，钱某带着何某某离家出走去向不明。此后，何某未再婚亦未再育，何小某由何某抚养成人。2005 年 11 月，何小某的户籍迁入何某户口下，常住人口登记卡登记二人为父女关系。2015 年 3 月，何小某考入大学，期间何某为其支付了教育生活费用。何小某参加工作后自 2021 年起每月陆续给付何某 500 元生活费，但自 2021 年中秋节后，何小某未再回家探望何某并将何某电话拉黑，二人关系交恶。何某诉至法院，要求何小某一次性补偿抚养费 30 万元。

江苏省宿迁市宿豫区人民法院经审理认为，因何某与钱某系同居

---

① 载江苏法院网，http://www.jsfy.gov.cn/article/95069.html，最后访问时间：2023 年 8 月 21 日。

关系，故何某与何小某不构成继父女关系。何某与何小某虽然户籍登记为父女关系，但因未办理收养手续，故亦不构成合法收养关系。何某对何小某本无法定或者约定抚养义务，但何某客观上抚养了何小某二十多年，并以父女相称，双方已经形成事实上的抚养教育关系，可以参照《民法典》收养关系的有关规定处理案涉纠纷。何小某成年后，在何某经济困难的情况下，应承担生活上照顾、经济上帮助的义务，但何小某在诉讼中明确表示要解除与何某的父女关系，拒绝履行赡养探望义务，未尽到"养子女"应尽的义务，何小某应补偿何某抚养教育期间的抚养费。遂判决：何小某向何某补偿抚养费 16 万元。

第六编　继　　承

第一章　一　般　规　定

第一千一百一十九条 **继承编的调整范围**

本编调整因继承产生的民事关系。

● **条文注释**

　　继承是指继承人对死者生前的财产权利和义务的承受，又称为财产继承，即自然人死亡时，其遗留的个人合法财产归死者生前在法定范围内指定的或者法定的亲属承受的民事法律关系。以继承人继承财产的方式为标准，可以将继承分为遗嘱继承和法定继承，这是对继承的基本分类。

　　继承的法律特征有：（1）继承因自然人死亡而发生。（2）继承中的继承人与被继承人存在特定亲属身份关系。(4) 继承是处理死者遗产的法律制度。(4) 继承是继承人概括承受被继承人财产权利和义务的法律制度。

● **相关规定**

《妇女权益保障法》第 34 条

第一千一百二十条 **继承权的保护**

国家保护自然人的继承权。

● **条文注释**

本条是关于国家保护自然人继承权原则的规定。这一基本原则包含两个方面:(1) 法律保护自然人。享有依法继承遗产的权利,任何人不得干涉;(2) 自然人的继承权受到他人非法侵害时,有权依照法律规定请求予以救济,国家以其强制力予以保护。保护自然人继承权原则贯穿于我国继承法律规定的始终,主要表现在:(1) 确立遗产范围,依法进行保护。(2) 保障被继承人的遗产尽量由继承人或受遗赠人取得。(3) 继承人的继承权不得非法剥夺。(4) 保障继承人、受遗赠人的继承权、受遗赠权的行使。(5) 继承人享有继承权恢复请求权。

第一千一百二十一条 **继承的开始时间和死亡时间的推定**

继承从被继承人死亡时开始。

相互有继承关系的数人在同一事件中死亡,难以确定死亡时间的,推定没有其他继承人的人先死亡。都有其他继承人,辈份不同的,推定长辈先死亡;辈份相同的,推定同时死亡,相互不发生继承。

● 实用问答

问：如何确定继承开始的时间？

答：《最高人民法院关于适用〈中华人民共和国民法典〉继承编的解释（一）》第一条规定，继承从被继承人生理死亡或者被宣告死亡时开始。宣告死亡的，根据民法典第四十八条规定确定的死亡日期，为继承开始的时间。

● 相关规定

《民法典》第 48 条；《最高人民法院关于适用〈中华人民共和国民法典〉继承编的解释（一）》第 1 条

第一千一百二十二条　遗产的范围

遗产是自然人死亡时遗留的个人合法财产。

依照法律规定或者根据其性质不得继承的遗产，不得继承。

● 条文注释

本条是对遗产范围的规定。

遗产包括死者遗留下来的财产和财产权利。遗产是继承权的客体，遗产只存在于继承开始后到遗产处理结束之前这段时间内。遗产处理完以后，其所有权就转归继受人，属于继受人的财产，就不再具有遗产的性质了。

应注意，以下财产、权利不可继承：与被继承人密不可分的人身权不能继承，如公民的姓名权、名誉权、荣誉权；与公民人身有关的债权、债务，如伤残职工领取抚恤金的权利专属于职工或军人，不得作为遗产继承；国有资源使用权，如采矿权、狩猎权、渔业权等使用权，因为这些使用权都是通过特定程序授予特定人享有，不能作为遗产。

　　李某甲诉李某乙继承纠纷案（《最高人民法院公报》2009年第12期）

　　家庭承包中的林地承包和针对四荒地的以其他方式的承包，由于土地性质特殊，投资周期长，见效慢，收益期间长，为维护承包合同的长期稳定性，保护承包方的利益，维护社会稳定，林地承包的承包人死亡，其继承人可以在承包期内继续承包。以其他方式承包的承包人死亡，在承包期内，其继承人也可以继续承包。但是，继承人继续承包并不等同于继承。而对于除林地外的家庭承包，法律未授予继承人可以继续承包的权利。

　　本案中，讼争土地的承包经营权属于李某云家庭，系家庭承包方式的承包，且讼争土地并非林地。因此，李某云夫妇死亡后，讼争土地应由当地农村集体经济组织收回再另行分配，不能由李某云夫妇的继承人继续承包，更不能将讼争农地的承包权作为李某云夫妇的遗产分割继承处理。

● *相关规定*

　　《最高人民法院关于适用〈中华人民共和国民法典〉继承编的解释（一）》第2条

第一千一百二十三条　**法定继承、遗嘱继承、遗赠和遗赠扶养协议的效力**

　　继承开始后，按照法定继承办理；有遗嘱的，按照遗嘱继承或者遗赠办理；有遗赠扶养协议的，按照协议办理。

● *条文注释*

　　该条是关于法定继承、遗嘱继承、遗赠、遗赠扶养协议的关系的规定。它们之间的关系是：遗赠扶养协议>遗嘱继承、遗赠>法定继承。

● 实用问答

问：遗赠扶养协议和遗嘱内容抵触的，如何处理？

答：《最高人民法院关于适用〈中华人民共和国民法典〉继承编的解释（一）》第三条规定，被继承人生前与他人订有遗赠扶养协议，同时又立有遗嘱的，继承开始后，如果遗赠扶养协议与遗嘱没有抵触，遗产分别按协议和遗嘱处理；如果有抵触，按协议处理，与协议抵触的遗嘱全部或者部分无效。

● 相关规定

《民法典》第1158条；《最高人民法院关于适用〈中华人民共和国民法典〉继承编的解释（一）》第3条

第一千一百二十四条　继承和遗赠的接受和放弃

继承开始后，继承人放弃继承的，应当在遗产处理前，以书面形式作出放弃继承的表示；没有表示的，视为接受继承。

受遗赠人应当在知道受遗赠后六十日内，作出接受或者放弃受遗赠的表示；到期没有表示的，视为放弃受遗赠。

● 条文注释

接受遗赠与接受继承有明显的不同：（1）法律对继承人表示接受继承的时间没有限制，除非继承人在遗产处理前表示放弃继承。但接受遗赠的意思表示时间，本条明确规定为必须在知道受遗赠后六十日内作出。（2）继承人接受继承可以默示接受，只要继承人不明确表示放弃继承，视为接受继承。而接受遗赠必须明确表示接受，不能默示，如果受遗赠人在法定的两个月期限内不明确表示受领遗赠，则认为其放弃受遗赠。（3）表示接受继承的期间从继承开始时计算，表示接受遗赠的期间则从知道受遗赠时起计算。

● **实用问答**

问：继承人仅口头表示放弃继承，如何认定其效力？

答：本条第一款已明确规定，应当以书面形式作出放弃继承的表示，故口头表示放弃继承无效。此外，《最高人民法院关于适用〈中华人民共和国民法典〉继承编的解释（一）》第三十三条规定，继承人放弃继承应当以书面形式向遗产管理人或者其他继承人表示。第三十四条规定，在诉讼中，继承人向人民法院以口头方式表示放弃继承的，要制作笔录，由放弃继承的人签名。这些规定都足以说明，放弃继承的意思表示必须通过书面形式固定，口头表示无效。

● **相关规定**

《最高人民法院关于适用〈中华人民共和国民法典〉继承编的解释（一）》第32~38条

第一千一百二十五条 **继承权的丧失**

继承人有下列行为之一的，丧失继承权：

（一）故意杀害被继承人；

（二）为争夺遗产而杀害其他继承人；

（三）遗弃被继承人，或者虐待被继承人情节严重；

（四）伪造、篡改、隐匿或者销毁遗嘱，情节严重；

（五）以欺诈、胁迫手段迫使或者妨碍被继承人设立、变更或者撤回遗嘱，情节严重。

继承人有前款第三项至第五项行为，确有悔改表现，被继承人表示宽恕或者事后在遗嘱中将其列为继承人的，该继承人不丧失继承权。

受遗赠人有本条第一款规定行为的，丧失受遗赠权。

● **条文注释**

本条是关于继承权的丧失及宽宥、受遗赠权的丧失的规定。在遗产继承中，继承人之间因是否丧失继承权发生纠纷，向人民法院提起诉讼的，由人民法院依据本条的规定，判决确认其是否丧失继承权。

● **实用问答**

1. **问：如何认定"虐待被继承人情节严重"？**

答：《最高人民法院关于适用〈中华人民共和国民法典〉继承编的解释（一）》第六条规定，继承人是否符合民法典第一千一百二十五条第一款第三项规定的"虐待被继承人情节严重"，可以从实施虐待行为的时间、手段、后果和社会影响等方面认定。虐待被继承人情节严重的，不论是否追究刑事责任，均可确认其丧失继承权。

2. **问：如何认定"伪造、篡改、隐匿或者销毁遗嘱，情节严重"？**

答：《最高人民法院关于适用〈中华人民共和国民法典〉继承编的解释（一）》第九条规定，继承人伪造、篡改、隐匿或者销毁遗嘱，侵害了缺乏劳动能力又无生活来源的继承人的利益，并造成其生活困难的，应当认定为民法典第一千一百二十五条第一款第四项规定的"情节严重"。

● **相关规定**

《最高人民法院关于适用〈中华人民共和国民法典〉继承编的解

释（一）》第 5~9 条；《最高人民法院关于适用〈中华人民共和国民法典〉时间效力的若干规定》第 13 条

第二章　法定继承

第一千一百二十六条　继承权男女平等原则

继承权男女平等。

● 条文注释

本条是宪法规定的公民在法律面前人人平等的原则和民法平等原则的体现。

公民作为继承人是不分性别的，都具有平等的继承权。在分割遗产的时候，如果没有遗嘱，同一顺序的男女继承人继承遗产的份额是相同的，并不存在儿子多分、女儿少分的法律依据。

● 相关规定

《妇女权益保障法》第 2 条、第 34~35 条

第一千一百二十七条　继承人的范围及继承顺序

遗产按照下列顺序继承：

（一）第一顺序：配偶、子女、父母；

（二）第二顺序：兄弟姐妹、祖父母、外祖父母。

继承开始后，由第一顺序继承人继承，第二顺序继承人不继承；没有第一顺序继承人继承的，由第二顺序继承人继承。

本编所称子女，包括婚生子女、非婚生子女、养子女和有扶养关系的继子女。

本编所称父母，包括生父母、养父母和有扶养关系的继父母。

本编所称兄弟姐妹，包括同父母的兄弟姐妹、同父异母或者同母异父的兄弟姐妹、养兄弟姐妹、有扶养关系的继兄弟姐妹。

● **条文注释**

在法定继承中，先由第一顺序的继承人继承，只有在没有第一顺序的继承人继承时才由第二顺序的继承人继承。需注意的是，丧偶儿媳对公、婆或者丧偶女婿对岳父、岳母尽了主要赡养义务的，也作为第一顺序的继承人。胎儿本身不是法定继承人，但我国《民法典》规定，遗产分割时，应当保留胎儿应继承的份额，以保护其利益。自然血亲的父母子女之间所谓的断绝子女关系的声明是没有法律效力的。他们相互之间的继承权不会消失，除非一方有《民法典》第一千一百二十五条规定的丧失继承权的情形或自愿放弃继承权。拟制血亲的父母子女之间申明断绝父母子女关系，且符合法定解除父母子女关系条件的，双方的父母子女关系不复存在，相互之间的继承权也随之消失。

● **实用问答**

问：养子女与其原本的亲兄弟姐妹之间，能否互相继承？

答：不能。《最高人民法院关于适用〈中华人民共和国民法典〉继承编的解释（一）》第十二条规定，养子女与生子女之间、养子女与养子女之间，系养兄弟姐妹，可以互为第二顺序继承人。被收养人与其亲兄弟姐妹之间的权利义务关系，因收养关系的成立而消除，不能互为第二顺序继承人。

《民法典》第 1070~1071 条；《老年人权益保障法》第 22 条；《最高人民法院关于适用〈中华人民共和国民法典〉继承编的解释（一）》第 10~13 条

第一千一百二十八条　代位继承

被继承人的子女先于被继承人死亡的，由被继承人的子女的直系晚辈血亲代位继承。

被继承人的兄弟姐妹先于被继承人死亡的，由被继承人的兄弟姐妹的子女代位继承。

代位继承人一般只能继承被代位继承人有权继承的遗产份额。

● **条文注释**

本条规定了两种代位继承：一是被继承人的子女的直系晚辈血亲的代位继承；二是被继承人的兄弟姐妹的子女的代位继承。代位继承产生的法律效力，主要为代位人可以继承被代位人的应继份，即被代位人有权继承的遗产份额。

代位继承应具备的条件有以下几点：（1）被代位人须是被继承人的死亡子女。（2）代位人是被继承人的死亡子女的晚辈直系血亲。（3）被代位人未丧失继承权。（4）代位继承人作为第一顺序继承人参加继承，其只能继承被代位人应继承的遗产份额。代位继承只适用于法定继承，在遗嘱继承中不发生代位继承。

● **实用问答**

问：继承人丧失继承权的，其晚辈直系血亲还可以代位继承吗？

答：不可以。《最高人民法院关于适用〈中华人民共和国民法典〉继承编的解释（一）》第十七条规定，继承人丧失继承权的，其晚辈直系血亲不得代位继承。如该代位继承人缺乏劳动能力又没有生活来源，或者对被继承人尽赡养义务较多的，可以适当分给遗产。

● **典型案例**

1. 苏某甲等法定继承纠纷案 [人民法院贯彻实施民法典典型案例（第一批）① 之八]

被继承人苏某泉于 2018 年 3 月死亡，其父母和妻子均先于其死亡，生前未生育和收养子女。苏某泉的姐姐苏某乙先于苏某泉死亡，苏某泉无其他兄弟姐妹。苏某甲系苏某乙的养女。李某田是苏某泉堂姐的儿子，李某禾是李某田的儿子。苏某泉生前未立遗嘱，也未立遗赠扶养协议。上海市徐汇区华泾路某弄某号某室房屋的登记权利人为苏某泉、李某禾，共同共有。苏某泉的梅花牌手表 1 块及钻戒 1 枚由李某田保管中。苏某甲起诉请求，依法继承系争房屋中属于被继承人苏某泉的产权份额，及梅花牌手表 1 块和钻戒 1 枚。

生效裁判认为，当事人一致确认苏某泉生前未立遗嘱，也未立遗赠扶养协议，故苏某泉的遗产应由其继承人按照法定继承办理。苏某甲系苏某泉姐姐苏某乙的养子女，在苏某乙先于苏某泉死亡且苏某泉的遗产无人继承又无人受遗赠的情况下，根据《最高人民法院关于适用〈中华人民共和国民法典〉时间效力的若干规定》第十四条，适用民法典第一千一百二十八条第二款和第三款的规定，苏某甲有权作

① 载最高人民法院网站，https：//www.court.gov.cn/zixun/xiangqing/347181.html，最后访问时间：2023 年 8 月 21 日。

为苏某泉的法定继承人继承苏某泉的遗产。另外，李某田与苏某泉长期共同居住，苏某泉生病在护理院期间的事宜由李某田负责处理，费用由李某田代为支付，苏某泉的丧葬事宜也由李某田操办，相较苏某甲，李某田对苏某泉尽了更多的扶养义务，故李某田作为继承人以外对被继承人扶养较多的人，可以分得适当遗产且可多于苏某甲。对于苏某泉名下系争房屋的产权份额和梅花牌手表 1 块及钻戒 1 枚，法院考虑到有利于生产生活、便于执行的原则，判归李某田所有并由李某田向苏某甲给付房屋折价款人民币 60 万元。

2. 苏乙等继承纠纷案（上海市高级人民法院十起弘扬社会主义核心价值观典型案例①之十）

苏甲于 2018 年 3 月 29 日死亡，无子女，妻子、父母和唯一的姐姐均先死亡，生前未立遗嘱。苏乙是苏甲姐姐唯一的养女。李甲是苏甲的堂姐之子，李乙是李甲之子。徐汇区华泾路价值 400 万元的系争房屋为苏甲和李乙共同共有。2021 年 4 月 1 日，苏乙诉至法院，要求代位继承苏甲的遗产。李甲和李乙辩称，应当由对苏甲尽了十多年生养死葬义务的李甲继承遗产。

徐汇法院审理后认为，苏乙系苏甲姐姐的养子女，在苏甲姐姐先于苏甲死亡且苏甲的遗产无人继承又无人受遗赠的情况下，根据民法典及其时间效力司法解释规定，苏乙有权作为法定继承人继承遗产。同时，李甲作为继承人以外对被继承人扶养较多的人，可以适当分得遗产且可多分。法院判决系争房屋由李甲和李乙按份共有，李甲给付苏乙房屋折价款 60 万元。

---

① 载上海市高级人民法院网，https://www.hshfy.sh.cn/shfy/web/xxnr.jsp?pa=aaWQ9Mj AyNTgzNzkkmeGg9MSZsbWRtPWxtMTcxz，最后访问时间：2023 年 8 月 21 日。

3. 黄某1等继承纠纷案 [江苏法院家事纠纷典型案例（2021—2022年度）① 之案例18]

2021年5月，被继承人黄某（男）去世，未留有遗嘱。黄某生前一直未婚，无配偶，无子女。黄某的父母、祖父母、外祖父母均先于黄某去世。黄某父母生前共育有黄某、黄某1、黄某2、黄某3、黄某4五个子女。黄某4于2007年去世，生前育有一女李某。2021年7月，黄某1、李某诉至法院，要求与黄某2、黄某3共同继承黄某名下的一套房屋，四人各分得25%的产权份额。

江苏省南京市秦淮区人民法院经审理认为，本案被继承人黄某未留有遗嘱，应按照法定继承处理。因黄某生前无配偶及子女，父母均先于其死亡，无第一顺位继承人，故应由其兄弟姐妹继承其遗产。黄某的妹妹黄某4先于黄某死亡，应由其女儿李某代位继承其份额。同一顺序继承人继承遗产的份额，一般应当均等。对被继承人尽了主要扶养义务的继承人，分配遗产时，可以多分。黄某2、黄某3在黄某生前尽到了更多的扶养义务，在黄某去世后亦为其操办了丧葬事宜，依法应予多分。李某在诉讼中自愿将其应继承份额各半赠与黄某2、黄某3系对自己权利的处分，依法予以准许。遂判决：案涉房屋由黄某1继承享有20%的产权份额，黄某2、黄某3各继承享有40%的产权份额。

● **相关规定**

《最高人民法院关于适用〈中华人民共和国民法典〉继承编的解释（一）》第14~18条

---

① 载江苏法院网，http://www.jsfy.gov.cn/article/95069.html，最后访问时间：2023年8月21日。

第一千一百二十九条　丧偶儿媳、女婿的继承权

丧偶儿媳对公婆，丧偶女婿对岳父母，尽了主要赡养义务的，作为第一顺序继承人。

● 条文注释

如何认定丧偶儿媳、丧偶女婿"尽了主要赡养义务"呢？根据相关司法解释，对被继承人生活提供了主要经济来源，或在劳务等方面给予了主要扶助的，应当认定其尽了主要赡养义务。其具体表现在以下三个方面：(1) 在经济上为老人提供了帮助，老人主要依靠其提供的经济条件生活。(2) 为老人日常生活提供帮助，如为老人做饭，打扫卫生，生病时进行护理等。(3) 对老人的帮助具有长期性。如属偶尔的看望、有限的劳务帮助等，不能视为尽了主要赡养义务，不能由此取得第一顺序继承人资格。在本条规定的情形下，不论儿媳是否已经改嫁，都有继承权。此规定亦适用于丧偶女婿。

● 实用问答

问：如何认定"尽了主要赡养义务"？

答：《最高人民法院关于适用〈中华人民共和国民法典〉继承编的解释（一）》第十九条规定，对被继承人生活提供了主要经济来源，或者在劳务等方面给予了主要扶助的，应当认定其尽了主要赡养义务或主要扶养义务。

● 相关规定

《民法典》第 1127 条；《最高人民法院关于适用〈中华人民共和国民法典〉继承编的解释（一）》第 18~19 条

110

第一千一百三十条　遗产分配规则

同一顺序继承人继承遗产的份额，一般应当均等。

对生活有特殊困难又缺乏劳动能力的继承人，分配遗产时，应当予以照顾。

对被继承人尽了主要扶养义务或者与被继承人共同生活的继承人，分配遗产时，可以多分。

有扶养能力和有扶养条件的继承人，不尽扶养义务的，分配遗产时，应当不分或者少分。

继承人协商同意的，也可以不均等。

● 条文注释

法定继承中，遗产应当按照下列方式分配：继承人可以协商分配遗产。各继承人之间无法协商一致，而起诉到法院的，如果没有其他特别需要考虑的因素的情形，法院则会按照同一顺序的继承人均等继承遗产份额的原则分割被继承人的遗产。当然，应当注意本条第二款、第三款、第四款的特殊情形。

● 实用问答

问：遗嘱继承人对于遗嘱未处分的遗产能否参与分配？

答：能。《最高人民法院关于适用〈中华人民共和国民法典〉继承编的解释（一）》第四条规定，遗嘱继承人依遗嘱取得遗产后，仍有权依照民法典第一千一百三十条的规定取得遗嘱未处分的遗产。

典型案例

1. 孙丙等继承纠纷案（人民法院老年人权益保护第三批典型案例①之案例六）

老人袁某与孙甲有婚生子孙乙、养女孙丙。二人有房产、存款若干。2005年孙甲患病不能自理，住院15年至去世均由袁某照顾护理。孙乙因犯罪长期服刑。孙丙大学毕业到外埠工作定居，老人住院期间仅探望几次。孙甲去世尚未安葬时，孙丙即起诉要求分配遗产。

审理法院认为，同一顺序继承人继承遗产的份额，一般应当均等。对被继承人尽了主要扶养义务或者与被继承人共同生活的继承人，分配遗产时，可以多分。有扶养能力和有扶养条件的继承人，不尽扶养义务的，分配遗产时，应当不分或者少分。本案中，孙甲未留遗嘱，应当按照法定继承顺序继承，第一顺位继承人为袁某、孙乙、孙丙。袁某年过七十，存款甚少，与孙丙关系无法缓和，孙乙七年后才能出狱，袁某面临老无所依的状况。判决孙甲遗产中的房产、银行存款、抚恤金等均归袁某所有，并分别给付孙乙、孙丙少部分折价款。

2. 曾某泉等婚姻家庭纠纷案［人民法院贯彻实施民法典典型案例（第二批)②之十二］

曾某彬（男）与曾某泉、曾某军、曾某三人系父子关系，孙某学（女）与李某军系母子关系。2006年，李某军34岁时，曾某彬与孙某学登记结婚。2019年11月4日，曾某彬去世，其单位向孙某学发放一次性死亡抚恤金163536元。曾某彬生前十余年一直与孙某学、

---

① 载最高人民法院网站，https://www.court.gov.cn/xinshidai-xiangqing-398342.html，最后访问时间：2023年8月21日。

② 载最高人民法院网站，https://www.court.gov.cn/zixun/xiangqing/386521.html，最后访问时间：2023年8月21日。

李某军共同在李某军所有的房屋中居住生活。曾某彬患有矽肺，孙某学患有（直肠）腺癌，李某军对曾某彬履行了赡养义务。曾某泉三兄弟主张李某军在曾某彬与孙某学结婚时已经成年，双方未形成扶养关系，故李某军不具有上述死亡抚恤金的分配资格。

生效裁判认为，一次性死亡抚恤金是针对死者近亲属的一种抚恤，应参照继承相关法律规范进行处理。本案应由曾某彬的配偶、子女参与分配，子女包括有扶养关系的继子女。成年继子女对继父母履行了赡养义务的，应认定为有扶养关系的继子女。本案中，曾某彬与孙某学再婚时，李某军虽已成年，但三人共同居住生活在李某军所有的房屋长达十余年，形成了民法典第一千零四十五条第三款规定的更为紧密的家庭成员关系，且曾某彬患有矽肺，孙某学患有癌症，二人均需家人照顾，根据案件事实可以认定李某军对曾某彬履行了赡养义务。考虑到孙某学年老患病且缺乏劳动能力，遂判决孙某学享有曾某彬一次性死亡抚恤金40%的份额，李某军与曾某泉三兄弟各享有15%的份额。

● 相关案例索引

贾某等继承纠纷案（人民法院老年人权益保护十大典型案例①之案例七）

李某某系被继承人曹某某母亲，年近七十。贾某系曹某某妻子，双方于2019年6月4日登记结婚。2019年8月7日，曹某某因所在单位组织的体育活动中突发疾病去世。曹某某父亲已于之前去世，曹某某无其他继承人。被继承人曹某某去世后，名下遗留房产若干、存款若干元及其生前单位赔偿金、抚恤金若干元。贾某诉请均分曹某某遗

---

① 载最高人民法院网站，https://www.court.gov.cn/zixun/xiangqing/287711.html，最后访问时间：2023年8月21日。

产。本案在审理过程中，人民法院引入了专业的心理咨询师参与庭前准备工作，逐步缓解失独老人不愿应诉、拒绝沟通的心态，同时也对原告进行心理介入，疏导其与被告的对立情绪；在庭审中做了细致的心理工作，修复了双方因失去亲人造成的误解和疏远。本案虽然并未当庭达成和解，但在宣判之后，双方当事人多次向合议庭表达满意，并在本案一审判决生效后自行履行完毕。

陕西省西安市新城区人民法院认为，本案被继承人无遗嘱，应按照法定继承进行遗产分配。对被继承人尽了主要扶养义务或者与被继承人共同生活的继承人，分配遗产时，可以多分。结合对子女抚养的付出及贾某与被继承人结婚、共同生活时间、家庭日常贡献等因素，酌定遗产分配比例为：贾某分配20%，李某某分配80%。工亡补助金部分不属于遗产范围，被继承人单位已考虑实际情况对李某某予以充分照顾，故二人各分配50%。

● **相关规定**

《最高人民法院关于适用〈中华人民共和国民法典〉继承编的解释（一）》第4条、第16~19条

第一千一百三十一条　酌情分得遗产权

对继承人以外的依靠被继承人扶养的人，或者继承人以外的对被继承人扶养较多的人，可以分给适当的遗产。

● **实用问答**

问："可以分给适当的遗产"，是否意味着不能多于继承人原本可得的遗产？

答：不是的。《最高人民法院关于适用〈中华人民共和国民法典〉继承编的解释（一）》第二十条规定，依照民法典第一千一百

三十一条规定可以分给适当遗产的人，分给他们遗产时，按具体情况可以多于或者少于继承人。

<u>第一千一百三十二条</u>　**继承的处理方式**

继承人应当本着互谅互让、和睦团结的精神，协商处理继承问题。遗产分割的时间、办法和份额，由继承人协商确定；协商不成的，可以由人民调解委员会调解或者向人民法院提起诉讼。

● *典型案例*

严某泰等继承纠纷案（全国法院十大调解案例①之5）

严某某于1988年7月去世，未留有遗嘱。李某某于1994年11月去世，留有遗嘱，表示将涉案房屋出售，并分配了继承份额。本案的原告严某泰等以及三被告是严某某、李某某的孙辈后代。三被告作为代位继承人于1996年诉至人民法院，要求确认遗嘱无效，后经审判认定遗嘱真实有效。后原告严某泰等多次组织召开家庭会议，协商出售房产事宜，但三被告均采取不配合的态度，致使房产无法出售。原告遂诉至法院。

法院认为，该案继承人人数众多且分居世界各地，纷争已久，继承人虽多次组织召开家庭会议，但仍未解决问题。然而，原、被告相互之间毕竟是有血缘关系的亲人，采用调解协商的办法会更有利于矛盾纠纷的解决。因此，法院经慎重考虑后选择了优先调解的审判方法。首先，承办法官与17位当事人推心置腹地沟通，取得了他们的

① 载中国法院网，https://www.chinacourt.org/article/detail/2012/03/id/474601.shtml，最后访问时间：2023年8月21日。

信任。其次，以情入手，借助当事人的亲戚做说服教育工作，消除当事人之间的不信任，就继承份额达成一致意见。最后，创新调解方法，采取由各继承人推荐买家的房屋变现方案，在金融危机不利影响的背景下，顺利地找到了买家。在买家因为价格过高而退缩时，法官再次与当事人和买家沟通，顺利达成统一的价格。案件最终调解结案，当事人当月领取了继承款。经过一年半的调解工作，一场纷争十多年的继承案件终于得到了圆满解决，受到当事人一致称赞。

第三章　遗嘱继承和遗赠

第一千一百三十三条　遗嘱处分个人财产

自然人可以依照本法规定立遗嘱处分个人财产，并可以指定遗嘱执行人。

自然人可以立遗嘱将个人财产指定由法定继承人中的一人或者数人继承。

自然人可以立遗嘱将个人财产赠与国家、集体或者法定继承人以外的组织、个人。

自然人可以依法设立遗嘱信托。

● **条文注释**

本条是对遗嘱继承和遗嘱信托的一般规定。

遗嘱是遗嘱人生前按照自己的意思和想法处分自己财产的行为，体现的是遗嘱人的真实意志。遗嘱继承人在按照遗嘱继承了遗产以后，不影响其作为法定继承人继承其应得的法定继承份额。

需要注意的是，本法新增了遗嘱信托的规定。遗嘱信托，也叫死后信托，是指通过遗嘱而设立的信托，遗嘱人即委托人以立遗嘱的方式将自己的遗产交付信托。遗嘱生效时，再将信托财产转移给受托人，由受托人依据信托的内容管理处分信托的遗产。

● **实用问答**

1. **问：在遗嘱中处分了非个人财产，如何认定？**

答：《最高人民法院关于适用〈中华人民共和国民法典〉继承编的解释（一）》第二十六条规定，遗嘱人以遗嘱处分了国家、集体或者他人财产的，应当认定该部分遗嘱无效。

2. **问：无民事行为能力人或者限制民事行为能力人能不能立遗嘱？**

答：不能。《最高人民法院关于适用〈中华人民共和国民法典〉继承编的解释（一）》第二十八条规定，遗嘱人立遗嘱时必须具有完全民事行为能力。无民事行为能力人或者限制民事行为能力人所立的遗嘱，即使其本人后来具有完全民事行为能力，仍属无效遗嘱。遗嘱人立遗嘱时具有完全民事行为能力，后来成为无民事行为能力人或者限制民事行为能力人的，不影响遗嘱的效力。

● **相关规定**

《民法典》第 1123 条

第一千一百三十四条 **自书遗嘱**

自书遗嘱由遗嘱人亲笔书写，签名，注明年、月、日。

● **条文注释**

自然人在遗书中涉及死后个人财产处分的内容，确为死者的真实意思表示，有本人签名并注明了年、月、日，又无相反证据的，可以按自书遗嘱对待。

● 相关规定

《最高人民法院关于适用〈中华人民共和国民法典〉继承编的解释（一）》第27条

第一千一百三十五条 代书遗嘱

代书遗嘱应当有两个以上见证人在场见证，由其中一人代书，并由遗嘱人、代书人和其他见证人签名，注明年、月、日。

● 条文注释

本条是关于代书遗嘱的规定。代书遗嘱是由他人代笔书写的遗嘱。代书遗嘱通常是在遗嘱人不会写字或因病不能写字的情况下不得已而为之的，当然，也是为了保护遗嘱人的遗嘱自由。

第一千一百三十六条 打印遗嘱

打印遗嘱应当有两个以上见证人在场见证。遗嘱人和见证人应当在遗嘱每一页签名，注明年、月、日。

● 条文注释

本条是关于打印遗嘱的规定。本条明确了打印遗嘱是法定的遗嘱形式，符合条件的，应当确认其法律效力。

● 典型案例

1. 刘某起等遗嘱继承纠纷 ［人民法院贯彻实施民法典典型案例(第二批)① 之十三］

刘某海、刘某起系刘某与张某的子女。张某和刘某分别于 2010

———

① 载最高人民法院网站，https：//www.court.gov.cn/zixun/xiangqing/386521.html，最后访问时间：2023 年 8 月 21 日。

年与 2018 年死亡。刘某起持有《遗嘱》一份，为打印件，加盖有立遗嘱人张某人名章和手印，另见证人处有律师祁某、陈某的署名文字。刘某起称该《遗嘱》系见证人根据张某意思在外打印。刘某起还提供视频录像对上述遗嘱订立过程予以佐证，但录像内容显示张某仅在一名见证人宣读遗嘱内容后，在该见证人协助下加盖人名章、捺手印。依刘某起申请，一审法院分别向两位见证人邮寄相关出庭材料，一份被退回，一份虽被签收但见证人未出庭作证。刘某海亦持有打印《遗嘱》一份，主张为刘某的见证遗嘱，落款处签署有"刘某"姓名及日期"2013 年 12 月 11 日"并捺印，另有见证律师李某、高某署名及日期。刘某订立遗嘱的过程有视频录像作为佐证。视频录像主要显示刘某在两名律师见证下签署了遗嘱。此外，作为见证人之一的律师高某出庭接受了质询，证明其与律师李某共同见证刘某订立遗嘱的过程。

生效裁判认为，刘某起提交的《遗嘱》为打印形成，应认定为打印遗嘱而非代书遗嘱。在其他继承人对该遗嘱真实性有异议的情况下，刘某起提交的遗嘱上虽有两名见证人署名，但相应录像视频并未反映见证过程全貌，且录像视频仅显示一名见证人，经法院多次释明及向《遗嘱》记载的两位见证人邮寄出庭通知书，见证人均未出庭证实《遗嘱》真实性，据此对该份《遗嘱》的效力不予认定。刘某海提交的《遗嘱》符合打印遗嘱的形式要件，亦有证据证明见证人全程在场见证，应认定为有效。

2. 黄某杰等继承纠纷案［广东法院贯彻实施民法典典型案例（第一批）① 之案例六］

黄某明和方某贞为夫妻，育有黄某智、黄某杰等三名子女。2003

---

① 载广东法院网，http://www.gdcourts.gov.cn/gsxx/quanweifabu/anlihuicui/content/post_1047260.html，最后访问时间：2023 年 8 月 21 日。

年 8 月 26 日，黄某明与方某贞共同订立一份遗嘱，约定在黄某明去世后，方某贞由黄某杰夫妇养老送终；在两遗嘱人均去世后，涉案房产归黄某杰夫妇所有；该遗嘱在两遗嘱人中任何一人去世后均生效，但只能生效属于去世者遗产部分。该遗嘱系打印件，在两位律师的见证下作出，遗嘱人和见证人均在该遗嘱上签名、确认时间。黄某明于 2003 年 9 月去世。方某贞于 2016 年 3 月 10 日订立一份公证遗嘱，称其去世后将涉案房产其名下的份额归黄某杰夫妇所有，后又于 2016 年 3 月 25 日以公证声明的方式撤销了该遗嘱。黄某杰与黄某智因涉案房产的权属发生争议，黄某杰夫妇诉至法院，要求将涉案房产黄某明名下的 1/2 份额确认归其所有。

深圳市罗湖区人民法院生效判决认为，根据《最高人民法院关于适用〈中华人民共和国民法典〉时间效力的若干规定》第十五条规定，本案涉及打印遗嘱，且遗产尚未处理，故应适用《民法典》相关规定。2003 年 8 月 26 日订立的遗嘱，从形式上看，符合《民法典》第一千一百三十六条规定的打印遗嘱的形式要件；从内容上看，系遗嘱人对其个人合法财产死后的处分，且黄某杰夫妇已履行了遗嘱所附的赡养义务，尽管方某贞撤销了其在 2016 年 3 月 10 日所做的遗嘱，但本案所涉及的遗产系黄某明的遗产，两遗嘱人对共有的涉案房产所做的处分并无相互制约、互为条件的意思，方某贞的撤回行为不影响黄某明遗嘱效力。2021 年 1 月 29 日，判决涉案房产中的 1/2 产权归黄某杰夫妇所有，黄某智等配合办理房屋产权变更登记手续。

李某等遗赠纠纷案（阳江法院贯彻实施民法典典型案例①之案例二）

　　黄某浓与李某于 2016 年 12 月 6 日协议离婚，黄某月为黄某浓与前妻所生育子女。2018 年 6 月 30 日，黄某浓因病情危重住院治疗，其间由李某负责照料。2018 年 7 月 2 日，黄某浓联系律师蔡某和见证人陈某、张某到病房，请求蔡某为其代书遗嘱。蔡某按照黄某浓的意思外出打印遗嘱，陈某、张某在病房等候。2018 年 7 月 3 日，黄某浓经抢救无效死亡。李某因要求按遗嘱继承黄某浓全部财产，而与黄某月发生纠纷，并诉至法院。

　　生效裁判认为，李某并非黄某浓的法定继承人，故本案的争议焦点为涉案遗嘱是否合法有效。民法典第一千一百三十六条规定，打印遗嘱应当有两个以上见证人在场见证，遗嘱人和见证人应当在遗嘱每一页上签名，注明年、月、日。涉案遗嘱由律师蔡某外出打印形成，陈某和张某未见证遗嘱录入电脑和经打印机打印出来的过程，不符合打印遗嘱的形式要求。另外，立遗嘱人黄某浓和见证人陈某、张某虽然都在涉案遗嘱上签名按指模，律师蔡某也在遗嘱上签名并盖上其所在律师事务所的印章，但所有人均没有注明年、月、日，该打印遗嘱欠缺法律规定的形式要件。综上，涉案遗嘱不符合打印遗嘱的法定形式要件，应属无效。一审法院驳回李某的诉讼请求，二审法院驳回上诉，维持原判。

● **相关规定**

　　《最高人民法院关于适用〈中华人民共和国民法典〉时间效力的若干规定》第 15 条

---

　　① 载阳江法院网，https://www.gdyjfy.gov.cn/20220714 - 2141.html，最后访问时间：2023 年 8 月 21 日。

第一千一百三十七条 录音录像遗嘱

以录音录像形式立的遗嘱，应当有两个以上见证人在场见证。遗嘱人和见证人应当在录音录像中记录其姓名或者肖像，以及年、月、日。

● **条文注释**

本条是对录音录像遗嘱的规定。

录音录像遗嘱是一种新型的遗嘱方式，是指以录音或者录像方式录制下来的遗嘱人的口述遗嘱，其实就是视听遗嘱，这是我国原继承法所规定的录音遗嘱的进一步扩展。

● **典型案例**

闫某某等遗嘱继承纠纷案①

原告闫某某与被告闫某为同胞兄弟。其母亲张某某生有三子二女，长子闫某某，幼子闫某，名下有房屋一套。张某某晚年生病期间，全凭闫某某照顾，生活和医疗各项费用也都由闫某某负担。基于其他子女没有尽到全部的赡养义务，张某某于 2021 年 1 月 21 日，在两位律师的见证下，由他人代书，立下了内容为自己逝世后所有财产都由闫某某继承的遗嘱。遗嘱由闫某某保管。2023 年 1 月 20 日，张某某逝世，留下的房屋实际为闫某控制。

闫某某认为闫某的行为严重侵犯了自己的合法权益，遂依法以姐姐、弟、妹四人为被告诉至法院，要求按母亲的遗嘱继承房屋。

诉讼过程中，长女同意闫某某的诉讼请求，二女儿对遗嘱不认可，要求所有子女都继承遗产，二儿子放弃继承。幼子闫某另外提供

---

① 该案为编者根据工作、研究所得改编而成。

122

了一份遗嘱和录像，认为房屋应由自己继承。该遗嘱由闫某之妻代写，张某某按的手印。录像显示的是有位邻居问张某某财产是否都由幼子继承，张某某只以"嗯"应答，而没有独立的表述。

法院经审理认为：本案中，闫某某提供的代书遗嘱有母亲本人签名及手印，有代书人及两位见证律师的签名，其内容指向为母亲所有的房屋，故该代书遗嘱的形式和内容均合法有效。而闫某提供的录像和代书遗嘱则存在瑕疵：母亲在录像中对于诉争房屋如何处理无清晰完整的表述，而是在提问人引导性提问下被动应答；该代书遗嘱内容指向的并非诉争房屋；代书人是小儿媳，与继承人具有利害关系；闫某未能提供证据证明代书人及见证人将代书遗嘱的内容详细告知母亲。鉴于该录像和代书遗嘱存在上述瑕疵，不能据此确定张某某的真实意思表示，故法院对该录像和代书遗嘱的效力不予认定。现大儿子依据其提供的《见证书》及所附《遗嘱》要求确认瑞祥里的房屋由其继承，其请求合法有据，法院予以支持。法院认为，长子的遗嘱合法有效，而小儿子持有的遗嘱存在瑕疵，故判决：一、张某某生前留下的房屋、退休金及报销所得药费由长子继承；二、由长子给付幼子闫某母亲的住院押金、医疗费、生活用品费及轮椅费等。

第一千一百三十八条　口头遗嘱

遗嘱人在危急情况下，可以立口头遗嘱。口头遗嘱应当有两个以上见证人在场见证。危急情况消除后，遗嘱人能够以书面或者录音录像形式立遗嘱的，所立的口头遗嘱无效。

● **条文注释**

本条是关于口头遗嘱的规定。

口头遗嘱是由遗嘱人口头表达并不以任何方式记载的遗嘱。由于这种形式的遗嘱完全靠见证人表述证明，极易发生纠纷。因此，法律规定遗嘱人只能在危急的情况下才可以立口头遗嘱，并要求必须有两个以上见证人在场见证。此外，还进一步限制，规定在危急情况消除后，遗嘱人能够以书面或者录音录像形式立遗嘱的，所立的口头遗嘱无效。

第一千一百三十九条　公证遗嘱

公证遗嘱由遗嘱人经公证机构办理。

● 条文注释

本条是关于公证遗嘱的规定。

公证遗嘱与遗嘱公证不同，遗嘱公证是公证处按照法定程序证明遗嘱人设立遗嘱行为真实、合法的活动。经公证证明的遗嘱为公证遗嘱。

● 相关规定

《公证法》第11条、第25~26条；《遗嘱公证细则》第3~4条

第一千一百四十条　作为遗嘱见证人的消极条件

下列人员不能作为遗嘱见证人：

（一）无民事行为能力人、限制民事行为能力人以及其他不具有见证能力的人；

（二）继承人、受遗赠人；

（三）与继承人、受遗赠人有利害关系的人。

● 条文注释

除本条中规定的相关人员外，继承人、受遗赠人的债权人、债务

人，共同经营的合伙人，也应当视为与继承人、受遗赠人有利害关系的人，不能作为遗嘱见证人。

● **相关规定**

《最高人民法院关于适用〈中华人民共和国民法典〉继承编的解释（一）》第24条

第一千一百四十一条 必留份

遗嘱应当为缺乏劳动能力又没有生活来源的继承人保留必要的遗产份额。

● **条文注释**

该条是强制性规定，遗嘱取消缺乏劳动能力又没有生活来源的继承人的遗产份额的，遗嘱的相应部分无效。继承人中有缺乏劳动能力又没有生活来源的人，即使遗产不足清偿债务，也应为其保留适当遗产。而继承人是否缺乏劳动能力又没有生活来源，应当按遗嘱生效时该继承人的具体情况而定。

● **典型案例**

刘某等继承纠纷案 ［江苏法院家事纠纷典型案例（2021—2022年度)[①] 之案例19］

范某（男）与吉某（女）原系夫妻关系，于1989年育有一子范小某，二人于2000年9月离婚。范小某自2006年即患有肾病并于2016年开始透析治疗，2020年出现脑出血。范某于2002年9月购买房屋一套并于2011年5月与刘某再婚。2014年12月，范某以产权调

---

① 载江苏法院网，http://www.jsfy.gov.cn/article/95069.html，最后访问时间：2023年8月21日。

换的方式将该房屋置换为一套新房屋。范某患有癌症多年，2019 年 6 月，范某订立自书遗嘱一份，载明："我所有的房产及家里的一切财产，待我百年后，由妻子刘某一人继承，产权归刘某一人所有。" 2019 年 11 月，范某去世。刘某诉至法院，要求按照遗嘱内容继承案涉房屋。诉讼中，范小某辩称，其身患重病，丧失劳动能力，亦无生活来源，范某虽留有遗嘱，但该遗嘱未按照法律规定为其留有必要份额，故该遗嘱部分无效，其有权继承案涉房屋的部分份额。

江苏省徐州市泉山区人民法院经审理认为，范某在自书遗嘱中指定刘某为唯一继承人虽是其真实意思表示，但因范小某作为范某的法定继承人身患肾病多年，缺乏劳动能力又无生活来源，故应为其保留必要份额。结合案涉房屋价值和双方实际生活情况，酌定由刘某给付范小某房屋折价款。遂判决：案涉房屋由刘某继承，刘某给付范小某房屋折价款 8.5 万元。

● 相关规定

《最高人民法院关于适用〈中华人民共和国民法典〉继承编的解释（一）》第 25 条

第一千一百四十二条　遗嘱的撤回与变更

遗嘱人可以撤回、变更自己所立的遗嘱。

立遗嘱后，遗嘱人实施与遗嘱内容相反的民事法律行为的，视为对遗嘱相关内容的撤回。

立有数份遗嘱，内容相抵触的，以最后的遗嘱为准。

● 条文注释

本条中遗嘱的变更或撤销只要单方意思表示即可以生效。遗嘱的变更或撤销有明示和推定两种形式。明示的撤销或者变更遗嘱必须按照《民法典》继承编规定的程序和要求进行。推定的撤销或者变更遗嘱是指下列情形：（1）遗嘱人立有数份遗嘱，内容相抵触的，推定遗嘱变更或撤销，以最后的遗嘱为准。（2）遗嘱人生前的行为与遗嘱的意思表示相反，而使遗嘱处分的财产在继承开始前灭失、部分灭失或者所有权转移、部分转移的，遗嘱视为被撤销或部分被撤销。（3）遗嘱人故意销毁遗嘱的，法律推定遗嘱人撤销原来的遗嘱。

● *典型案例*

张某甲等继承公证申请案（上海市静安区人民法院弘扬社会主义核心价值观涉老案件典型案例①之10)

张某甲、张某乙是父子关系，张某甲和妻子结婚后共有一套房屋。妻子去世后，张某甲至公证处办理了放弃继承该房屋中妻子产权份额的公证手续。之后，因张某甲与其他异性来往，父子关系逐渐不和，张某乙经常到张某甲家中打骂张某甲，甚至砸毁家中电器等财产。张某甲年过六旬，多次报警，张某乙依旧没有任何悔意，张某甲遂诉至法院要求继承妻子在该房屋中的产权份额，请求撤回放弃继承的公证申请。

静安法院审理认为，老年人的合法权益应得到法律的保护。张某乙在母亲去世后为阻止张某甲婚恋而采取的过激行为，已严重干涉到张某甲的日常生活，致使张某甲的人身财产安全受到威胁。张某甲出于缓和家庭矛盾放弃继承妻子在房屋中的遗产的初衷并未得到实现，且子女未对老人尽到赡养义务，其行为对老人的身心造成极大的创

---

① 载上海市高级人民法院网，https：//www. hshfy. sh. cn/shfy/web/xxnr. jsp? pa=aaWQ9MTAyMDI2ODA0MiZ4aD0xJmxtZG09bG0xNzEPdcssz，最后访问时间：2023 年 8 月 21 日。

伤，故法庭准予张某甲撤回放弃继承的公证申请，房屋中妻子的遗产份额由张某甲、张某乙均等继承。

● **相关规定**

《民法典》第 1743 条；《公证法》第 36 条；《最高人民法院关于适用〈中华人民共和国民法典〉时间效力的若干规定》第 23 条

第一千一百四十三条　遗嘱无效的情形

无民事行为能力人或者限制民事行为能力人所立的遗嘱无效。

遗嘱必须表示遗嘱人的真实意思，受欺诈、胁迫所立的遗嘱无效。

伪造的遗嘱无效。

遗嘱被篡改的，篡改的内容无效。

● **条文注释**

在认定遗嘱的效力时，判断立遗嘱人是否具有完全民事行为能力应以设立遗嘱时行为人的民事行为能力为标准。除本条所列情形外，遗嘱无效的情形还有：遗嘱处分了遗嘱人无权处分的财产，该无权处分财产的部分无效；遗嘱人在危急情况下立的口头遗嘱，在危急情况解除后，能够用书面或录音方式立遗嘱的，所立的口头遗嘱无效。

● **相关规定**

《民法典》第 19～23 条、第 144 条；《最高人民法院关于适用〈中华人民共和国民法典〉继承编的解释（一）》第 26 条、第 28 条

第一千一百四十四条 **附义务的遗嘱继承或遗赠**

遗嘱继承或者遗赠附有义务的，继承人或者受遗赠人应当履行义务。没有正当理由不履行义务的，经利害关系人或者有关组织请求，人民法院可以取消其接受附义务部分遗产的权利。

● **条文注释**

遗嘱或遗赠中所附的义务应符合以下要求：（1）附义务的遗嘱所设定的义务，只能由遗嘱继承人或者受遗赠人承担，不得对不取得遗产利益的人设定义务。（2）设定的义务不得违背法律和社会公共利益。（3）设定的义务必须是可能实现的。（4）附义务的遗嘱中所规定的继承人或受遗赠人应当履行的义务，不得超过继承人或受遗赠人所取得的利益。

● **实用问答**

问：取消继承人或者受遗赠人接受附义务部分遗产的权利后，该部分遗产如何处理？

答：《最高人民法院关于适用〈中华人民共和国民法典〉继承编的解释（一）》第二十九条规定，附义务的遗嘱继承或者遗赠，如义务能够履行，而继承人、受遗赠人无正当理由不履行，经受益人或者其他继承人请求，人民法院可以取消其接受附义务部分遗产的权利，由提出请求的继承人或者受益人负责按遗嘱人的意愿履行义务，接受遗产。

● **相关规定**

《民法典》第663条；《最高人民法院关于适用〈中华人民共和国民法典〉继承编的解释（一）》第29条

第四章　遗产的处理

第一千一百四十五条　遗产管理人的选任

继承开始后，遗嘱执行人为遗产管理人；没有遗嘱执行人的，继承人应当及时推选遗产管理人；继承人未推选的，由继承人共同担任遗产管理人；没有继承人或者继承人均放弃继承的，由被继承人生前住所地的民政部门或者村民委员会担任遗产管理人。

● **条文注释**

本条是关于遗产管理人产生方式的规定。需要注意的是，虽然遗嘱执行人也能起到遗产管理作用，但是遗产管理人与遗嘱执行人不能完全等同。

● **典型案例**

1. **小吴等申请指定遗产管理人案**（2022年度上海法院十大涉民生典型案例之六[①]）

2013年，小吴夫妇购买了方先生及其母亲名下的房屋。因小吴夫妇限购暂无法过户，双方约定先交房，等具备过户条件时，方先生和母亲需无条件协助办理过户手续。后小吴夫妇装修入住并陆续付清房款，谁料还未等到过户，方先生的母亲、父亲和其本人先后离世。其祖父母、外祖父母也早先去世，方先生孑然一人，没有婚育记录，没

[①] 参见《上家去世且无继承人，谁来为下家办过户？｜涉民生典型案例展评》，载"上海高院"微信公众号，https://mp.weixin.qq.com/s/f30rUta1cRQ-kCezN-9p8g，最后访问时间：2023年8月21日。

有留下遗嘱，经调查也未发现其有兄弟姐妹。买房人小吴夫妇陷入找不到人办理过户的窘境。直到 2021 年 1 月 1 日《民法典》开始施行，小吴夫妇了解到民法典遗产管理人的相关规定后向法院提起诉讼，申请指定方先生生前住所地的民政局为遗产管理人。

法院审理后认为，没有继承人或者继承人均放弃继承的，由被继承人生前住所地的民政部门或者村民委员会担任遗产管理人。对遗产管理人的确定有争议的，利害关系人可以向人民法院申请指定遗产管理人。本案中，在案证据显示，方先生去世时已无法定继承人，小吴夫妇购买其名下案涉房屋并因过户发生纠纷，系利害关系人，有权提起本案申请。加之，方先生生前住所地位于浦东新区，法院认定，小吴夫妇的申请合法有据，判决指定浦东新区民政局为方先生的遗产管理人。

2. 上饶市某医院等遗产管理纠纷案（2021 年度江西省全省法院贯彻实施民法典十大典型案例①之案例七）

2019 年 5 月 11 日，李某生骑自行车不慎摔倒致头部及全身多处外伤，经路人拨打急救电话被送往上饶市某医院治疗，2020 年 3 月 30 日，李某生经抢救无效死亡，在此期间，其一直在上饶市某医院接受治疗，欠下医药费 30 余万元。经查，李某生在多家银行共有存款 17 万余元。为主张债权，上饶市某医院将上饶市某区民政局、上饶市某街道办事处民政所及银行（第三人）诉至法院。本案审理过程中，为查明李某生是否有继承人，承办法官到李某生生前住所地及籍贯所在地的公安机关、民政部门、社区进行调查，均无果。后法院向外发布公告，截至判决作出之日，无李某生的继承人向法院申报。

---

① 载江西政法网，https://www.jxzfw.gov.cn/2022/0110/2022011038248.html，最后访问时间：2023 年 8 月 21 日。

法院经审理认为，《中华人民共和国民法典》第一千一百四十五条规定，没有继承人或者继承人均放弃继承的，由被继承人生前住所地的民政部门或者村民委员会担任遗产管理人。本案中，经穷尽方式调查，无法查询到李某生有继承人，依法应由某区民政部门担任遗产管理人。街道民政所系民政局的下属机构，且民政局承担的职能较民政所更为全面，认定民政局为遗产管理人更有利于债权的实现，故认定被告上饶市某区民政局为李某生的遗产管理人。民政局及民政所均属民政部门，二者仅是对遗产管理是否属于各自的职责范围产生争议，不属于对遗产管理人的确定有争议的情形，如认定债权人须先行向法院申请指定遗产管理人，势必影响债权实现的效率，故由原告先行申请法院指定遗产管理人并无必要。根据《中华人民共和国民法典》第一千一百四十七条规定，遗产管理人应当履行处理被继承人的债务的职责，李某生所负债务应由上饶市某区民政局负责处理，第三人银行应当协助上饶市某区民政局处理李某生所负的债务。为提高债权实现的效率，应由第三人银行将李某生的存款支付给原告，用以偿还债务。故，法院判决被告上饶市某区民政局于判决生效后三十日内履行处理李某生对上饶市某医院有限公司所负债务的职责，第三人银行协助被告上饶市某区民政局将李某生的存款支付给原告上饶市某医院有限公司，用以偿还债务。现判决已经生效。

● **相关规定**

《民法典》第 194 条；《信托法》第 39 条

第一千一百四十六条　法院指定遗产管理人

对遗产管理人的确定有争议的，利害关系人可以向人民法院申请指定遗产管理人。

本条是关于法院指定遗产管理人的规定。

出现以下情形，利害关系人可以向法院起诉，申请指定遗产管理人：（1）遗嘱未指定遗嘱执行人，继承人对遗产管理人的选任有争议的。（2）没有继承人或者继承人下落不明，遗嘱中又未指定遗嘱执行人的。（3）对指定遗产管理人的遗嘱的效力存在争议的。（4）遗产债权人有证据证明继承人的行为已经或将要损害其利益的。

● 相关规定

《民法典》第 194 条；《信托法》第 39 条

第一千一百四十七条 遗产管理人的职责

遗产管理人应当履行下列职责：

（一）清理遗产并制作遗产清单；

（二）向继承人报告遗产情况；

（三）采取必要措施防止遗产毁损、灭失；

（四）处理被继承人的债权债务；

（五）按照遗嘱或者依照法律规定分割遗产；

（六）实施与管理遗产有关的其他必要行为。

● 条文注释

本条是关于遗产管理人职责范围的规定。遗产管理人须忠实、谨慎地履行管理职责，因遗产管理人不当履行上述义务给遗产债权人造成损害的，遗产债权人有权要求遗产管理人承担民事责任。

第一千一百四十八条 遗产管理人的责任

遗产管理人应当依法履行职责，因故意或者重大过失造成继承人、受遗赠人、债权人损害的，应当承担民事责任。

● **条文注释**

本条是关于遗产管理人履行职责及责任的规定。

遗产管理人未尽善良管理人的注意义务，不当履行职责，因故意或者重大过失造成继承人、受遗赠人、债权人损害的，应当承担民事责任，对造成的损失应当予以赔偿。

第一千一百四十九条 遗产管理人的报酬

遗产管理人可以依照法律规定或者按照约定获得报酬。

● **条文注释**

本条是对遗产管理人可以获得报酬的规定。遗嘱管理人提供遗产管理服务，可以是有偿的。

第一千一百五十条 继承开始的通知

继承开始后，知道被继承人死亡的继承人应当及时通知其他继承人和遗嘱执行人。继承人中无人知道被继承人死亡或者知道被继承人死亡而不能通知的，由被继承人生前所在单位或者住所地的居民委员会、村民委员会负责通知。

● **条文注释**

本条是关于继承开始后的通知的规定。在通知的时间和方式上，一般要求负有通知义务的继承人或相关单位应当及时向其他继承人发出通知；通知的方式以能将被继承人死亡、继承开始的事实传达到继承人为准，一般以口头通知为主，如通过电话通知，也可以采取书面方式如电报、传真、快递等，甚至还可以采取公告的方式。人民法院在审理继承案件时，如果知道有继承人而无法通知的，分割遗产时，要保留其应继承的遗产，并确定该遗产的保管人或保管单位。

● **相关规定**

《最高人民法院关于适用〈中华人民共和国民法典〉继承编的解释（一）》第30条

第一千一百五十一条　遗产的保管

存有遗产的人，应当妥善保管遗产，任何组织或者个人不得侵吞或者争抢。

● **条文注释**

依据相关法律规定，遗产管理人的确定方式有：一是由各个继承人共同担任遗产管理人；二是由各个继承人共同推举遗产管理人；三是由人民法院指定遗产管理人；四是根据被继承人的遗嘱的指定确定遗产管理人。

第一千一百五十二条　转继承

继承开始后，继承人于遗产分割前死亡，并没有放弃继承的，该继承人应当继承的遗产转给其继承人，但是遗嘱另有安排的除外。

● **条文注释**

本条是关于转继承的规定。需要注意的是，转继承是对遗产份额的再继承，而非继承权利的移转。

《最高人民法院关于适用〈中华人民共和国民法典〉继承编的解释（一）》第38条

第一千一百五十三条 遗产的确定

夫妻共同所有的财产，除有约定的外，遗产分割时，应当先将共同所有的财产的一半分出为配偶所有，其余的为被继承人的遗产。

遗产在家庭共有财产之中的，遗产分割时，应当先分出他人的财产。

● 条文注释

本条是关于遗产分割中涉及夫妻共有财产时如何处理的规定。在遗产继承中，应当正确确定遗产的范围，只有被继承人的个人财产才属于遗产。故在遗产分割中，应将遗产从夫妻共有财产中区分开来。同样地，应将被继承人的财产与他人的财产区分开。

● 相关规定

《民法典》第1122条

第一千一百五十四条 按法定继承办理

有下列情形之一的，遗产中的有关部分按照法定继承办理：

（一）遗嘱继承人放弃继承或者受遗赠人放弃受遗赠；

（二）遗嘱继承人丧失继承权或者受遗赠人丧失受遗赠权；

（三）遗嘱继承人、受遗赠人先于遗嘱人死亡或者终止；

（四）遗嘱无效部分所涉及的遗产；

（五）遗嘱未处分的遗产。

● **相关规定**

《民法典》第 1123 条

第一千一百五十五条 胎儿预留份

遗产分割时，应当保留胎儿的继承份额。胎儿娩出时是死体的，保留的份额按照法定继承办理。

● **条文注释**

为胎儿保留的继承份额原则上应按法定继承的遗产分配原则确定，如果是多胞胎的，则应按胎儿的数量保留继承份额。

对胎儿保留份额的处理，依胎儿出生时是死体还是活体而不同：（1）如果胎儿出生时是活体的，则该保留份额为该婴儿所有，可由其母亲代为保管。（2）如果胎儿出生后不久即死亡，则该保留份额为该婴儿所有，但应由该死婴的法定继承人按法定继承处理。（3）如果胎儿出生时即为死胎，则该保留的份额由被继承人的继承人再分割。

● **相关规定**

《最高人民法院关于适用〈中华人民共和国民法典〉继承编的解释（一）》第 31 条

第一千一百五十六条 遗产分割

遗产分割应当有利于生产和生活需要，不损害遗产的效用。

不宜分割的遗产，可以采取折价、适当补偿或者共有等方法处理。

如果遗嘱中已经指定了遗产的分割方式，则应按遗嘱指定的方式分割遗产；如果遗嘱中没有指定遗产分割方式的，一般由继承人具体协商遗产的分割方式；继承人协商不成的，可以通过调解确定遗产分割的方式；调解不成的，则通过诉讼程序，由人民法院确定遗产的分割方式。通常，对遗产的分割可根据具体情形采用实物分割、变价分割、补偿分割和保留共有的分割四种方式。

● 相关规定

《最高人民法院关于适用〈中华人民共和国民法典〉继承编的解释（一）》第42条

第一千一百五十七条 再婚时对所继承遗产的处分

夫妻一方死亡后另一方再婚的，有权处分所继承的财产，任何组织或者个人不得干涉。

● 条文注释

夫妻一方死亡，在对死者的遗产进行分割后，另一方对于其依法继承的财产享有所有权。其作为该财产的所有权人当然有权处分财产，任何人不得干涉，而且这种处分权也并不会因配偶再婚而改变。

第一千一百五十八条 遗赠扶养协议

自然人可以与继承人以外的组织或者个人签订遗赠扶养协议。按照协议，该组织或者个人承担该自然人生养死葬的义务，享有受遗赠的权利。

● 条文注释

遗赠扶养协议是双方的法律行为，同时还是诺成性、要式性、有偿性的法律行为。当被继承人生前与他人订有遗赠扶养协议，同时又立有遗嘱的，遗赠扶养协议的效力优于遗赠。

● 实用问答

问：无正当理由不履行遗赠扶养协议的后果是什么？

答：《最高人民法院关于适用〈中华人民共和国民法典〉继承编的解释（一）》第四十条规定，继承人以外的组织或者个人与自然人签订遗赠扶养协议后，无正当理由不履行，导致协议解除的，不能享有受遗赠的权利，其支付的供养费用一般不予补偿；遗赠人无正当理由不履行，导致协议解除的，则应当偿还继承人以外的组织或者个人已支付的供养费用。

● 典型案例

某居委会等遗赠扶养协议纠纷案 ［江苏法院家事纠纷典型案例(2021—2022年度)① 之案例12］

王某（男）与吴某（女）原系夫妻关系，共生育二子二女。1961年，双方经法院调解离婚。离婚后，王某从安徽返回无锡工作生活，四个子女从未探望、赡养过王某。2003年，在王某弟弟妹妹的见证下，王某与居委会签订一份遗赠扶养协议，载明王某一直独身，虽有兄弟姐妹，但由于工作忙、距离远，照顾不便，由居委会按"五保户"待遇负责王某的日常生活、养老至寿终，王某的财产在其寿终后由居委会处置。协议签订后，居委会一直安排专人照顾王某起居和就

---

① 载江苏法院网，http://www.jsfy.gov.cn/article/95069.html，最后访问时间：2023年8月21日。

医陪护，直到王某94岁去世，并为其操办了丧事。王某的四个子女在得知王某去世的消息后，从外地赶回要求继承遗产，与居委会产生争议。居委会无奈诉至法院，要求确认遗赠扶养协议有效，王某名下财产归居委会所有。

江苏省无锡市梁溪区人民法院经审理认为，王某与居委会签订的遗赠扶养协议系双方真实意思表示，不违反法律、行政法规的强制性规定，合法有效。居委会在近二十年的时间里对独居的王某予以照顾，妥善安排住处并有专人看护，为其垫付医疗费，支付养老院费用和丧葬费，尽到了遗赠扶养人的义务，反观王某的四个子女却未尽过任何赡养义务，四个子女主张遗赠扶养协议违反公平原则，无事实和法律依据。遂判决：王某财产归居委会所有。王某的四个子女不服一审判决，提出上诉。江苏省无锡市中级人民法院判决驳回上诉，维持原判。

● **相关规定**

《最高人民法院关于适用〈中华人民共和国民法典〉继承编的解释（一）》第40条；《遗赠扶养协议公证细则》

第一千一百五十九条 遗产分割时的义务

分割遗产，应当清偿被继承人依法应当缴纳的税款和债务；但是，应当为缺乏劳动能力又没有生活来源的继承人保留必要的遗产。

● **条文注释**

本条是关于遗产清偿债务顺序的规定。

遗产在分割之前，应当先清偿债务。遗产债务清偿的顺序是：（1）遗产管理费。（2）缴纳所欠税款。（3）被继承人生前所欠债务。

第一千一百六十条　无人继承的遗产的处理

无人继承又无人受遗赠的遗产，归国家所有，用于公益事业；死者生前是集体所有制组织成员的，归所在集体所有制组织所有。

● **条文注释**

对于无人继承又无人受遗赠的遗产，首先应当用来支付为丧葬死者所花掉的必要费用，清偿死者生前欠下的债务。余下的遗产，按本条处理。应注意，遗产因无人继承收归国家或集体组织所有时，按《民法典》继承编第一千一百三十一条规定可以分得遗产的人提出取得遗产的要求，人民法院应视情况适当分给遗产。

● **相关规定**

《最高人民法院关于适用〈中华人民共和国民法典〉继承编的解释（一）》第41条

第一千一百六十一条　限定继承

继承人以所得遗产实际价值为限清偿被继承人依法应当缴纳的税款和债务。超过遗产实际价值部分，继承人自愿偿还的不在此限。

继承人放弃继承的，对被继承人依法应当缴纳的税款和债务可以不负清偿责任。

● **条文注释**

本条规定了接受继承与承担债务清偿责任相统一原则，即接受继承的继承人，在享有继承被继承人财产权利的同时，应依法清偿债务。遗产应当首先用来清偿被继承人应当缴纳的税款，其次优先清偿被继承人生前所欠的各种债务。但缴纳税款和清偿债务以他的遗产实际价值为限。另外，如果继承人中有缺乏劳动能力又没有生活来源的人，即使遗产不足清偿债务，也应为其保留适当遗产，然后按本条规定和民事诉讼法的规定清偿债务。

第一千一百六十二条　遗赠与遗产债务清偿

执行遗赠不得妨碍清偿遗赠人依法应当缴纳的税款和债务。

● **条文注释**

本条是关于清偿被继承人债务优先于遗赠的规定。

● **典型案例**

秦某等继承纠纷案[①]

被继承人秦某云系原告秦某的弟弟，系被告杨某甲、曹某的父亲。2023 年 9 月 7 日，秦某云留下遗嘱，其中第一、三项分别载明：涉案房屋归杨某甲、曹某继承；因装修该房屋于 2016 年 4 月 5 日向姐姐秦某借的款项 5 万元，由杨某甲、曹某替其偿还，若无力偿还可变卖房屋归还借款后，剩余部分二人平分。2023 年 9 月 30 日，秦某云因病去世。

一审法院认为，遗嘱是遗嘱人生前在法律允许范围内对其遗产或其他事务所作的个人处分。二被告对被继承人秦某云生前所列遗嘱的真实性不持异议，遗嘱人生前将自己所拥有的涉案房屋处置给二被告，并将因装修该房屋欠原告的款项 5 万元交由二被告承担，其法律行为合法，本院对被继承人秦某云生前所列遗嘱第三项认可。遂判决杨某甲、曹某偿还被继承人秦某云所欠借款 5 万元。曹某不服一审判

---

① 该案为编者根据工作、研究所得改编而成。

决提出上诉。二审法院认为，一审法院认定事实清楚，适用法律和判决正确，上诉人的上诉理由不能成立，本案应予维持。

第一千一百六十三条 **既有法定继承又有遗嘱继承、遗赠时的债务清偿**

既有法定继承又有遗嘱继承、遗赠的，由法定继承人清偿被继承人依法应当缴纳的税款和债务；超过法定继承遗产实际价值部分，由遗嘱继承人和受遗赠人按比例以所得遗产清偿。

● **条文注释**

本条是关于法定继承、遗嘱继承和遗赠同时存在时清偿遗产债务顺序的规定。原《继承法》对此没有规定，本条确立了具体规则。无论是法定继承还是遗嘱继承、遗赠，超过其所得遗产部分，不承担清偿责任。

附录

婚姻登记条例

(2003 年 7 月 30 日国务院第 16 次常务会议通过　2003 年 8 月 8 日中华人民共和国国务院令第 387 号公布　自 2003 年 10 月 1 日起施行)

第一章　总　则

第一条　为了规范婚姻登记工作，保障婚姻自由、一夫一妻、男女平等的婚姻制度的实施，保护婚姻当事人的合法权益，根据《中华人民共和国婚姻法》(以下简称婚姻法)，制定本条例。

第二条　内地居民办理婚姻登记的机关是县级人民政府民政部门或者乡(镇)人民政府，省、自治区、直辖市人民政府可以按照便民原则确定农村居民办理婚姻登记的具体机关。

中国公民同外国人，内地居民同香港特别行政区居民(以下简称香港居民)、澳门特别行政区居民(以下简称澳门居民)、台湾地区居民(以下简称台湾居民)、华侨办理婚姻登记的机关是省、自治区、直辖市人民政府民政部门或者省、自治区、直辖市人民政府民政部门确定的机关。

第三条　婚姻登记机关的婚姻登记员应当接受婚姻登记业务培训，经考核合格，方可从事婚姻登记工作。

婚姻登记机关办理婚姻登记，除按收费标准向当事人收取工本费外，不得收取其他费用或者附加其他义务。

第二章　结婚登记

第四条　内地居民结婚，男女双方应当共同到一方当事人常住户口所在地的婚姻登记机关办理结婚登记。

中国公民同外国人在中国内地结婚的，内地居民同香港居民、澳门居民、台湾居民、华侨在中国内地结婚的，男女双方应当共同到内地居民常住户口所在地的婚姻登记机关办理结婚登记。

第五条　办理结婚登记的内地居民应当出具下列证件和证明材料：

（一）本人的户口簿、身份证；

（二）本人无配偶以及与对方当事人没有直系血亲和三代以内旁系血亲关系的签字声明。

办理结婚登记的香港居民、澳门居民、台湾居民应当出具下列证件和证明材料：

（一）本人的有效通行证、身份证；

（二）经居住地公证机构公证的本人无配偶以及与对方当事人没有直系血亲和三代以内旁系血亲关系的声明。

办理结婚登记的华侨应当出具下列证件和证明材料：

（一）本人的有效护照；

（二）居住国公证机构或者有权机关出具的、经中华人民共和国驻该国使（领）馆认证的本人无配偶以及与对方当事人没有直系血亲和三代以内旁系血亲关系的证明，或者中华人民共和国驻该国使（领）馆出具的本人无配偶以及与对方当事人没有直系血亲和三代以内旁系血亲关系的证明。

办理结婚登记的外国人应当出具下列证件和证明材料：

（一）本人的有效护照或者其他有效的国际旅行证件；

（二）所在国公证机构或者有权机关出具的、经中华人民共和国驻该国使（领）馆认证或者该国驻华使（领）馆认证的本人无配偶的证明，或者所在国驻华使（领）馆出具的本人无配偶的证明。

第六条 办理结婚登记的当事人有下列情形之一的，婚姻登记机关不予登记：

（一）未到法定结婚年龄的；

（二）非双方自愿的；

（三）一方或者双方已有配偶的；

（四）属于直系血亲或者三代以内旁系血亲的；

（五）患有医学上认为不应当结婚的疾病的。

第七条 婚姻登记机关应当对结婚登记当事人出具的证件、证明材料进行审查并询问相关情况。对当事人符合结婚条件的，应当当场予以登记，发给结婚证；对当事人不符合结婚条件不予登记的，应当向当事人说明理由。

第八条 男女双方补办结婚登记的，适用本条例结婚登记的规定。

第九条 因胁迫结婚的，受胁迫的当事人依据婚姻法第十一条的规定向婚姻登记机关请求撤销其婚姻的，应当出具下列证明材料：

（一）本人的身份证、结婚证；

（二）能够证明受胁迫结婚的证明材料。

婚姻登记机关经审查认为受胁迫结婚的情况属实且不涉及子女抚养、财产及债务问题的，应当撤销该婚姻，宣告结婚证作废。

第三章　离婚登记

第十条 内地居民自愿离婚的，男女双方应当共同到一方当事人常住户口所在地的婚姻登记机关办理离婚登记。

中国公民同外国人在中国内地自愿离婚的，内地居民同香港居民、澳门居民、台湾居民、华侨在中国内地自愿离婚的，男女双方应当共同到内地居民常住户口所在地的婚姻登记机关办理离婚登记。

第十一条 办理离婚登记的内地居民应当出具下列证件和证明材料：

（一）本人的户口簿、身份证；

（二）本人的结婚证；

（三）双方当事人共同签署的离婚协议书。

办理离婚登记的香港居民、澳门居民、台湾居民、华侨、外国人除应当出具前款第（二）项、第（三）项规定的证件、证明材料外，香港居民、澳门居民、台湾居民还应当出具本人的有效通行证、身份证，华侨、外国人还应当出具本人的有效护照或者其他有效国际旅行证件。

离婚协议书应当载明双方当事人自愿离婚的意思表示以及对子女抚养、财产及债务处理等事项协商一致的意见。

第十二条 办理离婚登记的当事人有下列情形之一的，婚姻登记机关不予受理：

（一）未达成离婚协议的；

（二）属于无民事行为能力人或者限制民事行为能力人的；

（三）其结婚登记不是在中国内地办理的。

第十三条 婚姻登记机关应当对离婚登记当事人出具的证件、证明材料进行审查并询问相关情况。对当事人确属自愿离婚，并已对子女抚养、财产、债务等问题达成一致处理意见的，应当当场予以登记，发给离婚证。

第十四条 离婚的男女双方自愿恢复夫妻关系的，应当到婚姻登记机关办理复婚登记。复婚登记适用本条例结婚登记的规定。

第四章 婚姻登记档案和婚姻登记证

第十五条 婚姻登记机关应当建立婚姻登记档案。婚姻登记档案应当长期保管。具体管理办法由国务院民政部门会同国家档案管理部门规定。

第十六条 婚姻登记机关收到人民法院宣告婚姻无效或者撤销婚姻的判决书副本后，应当将该判决书副本收入当事人的婚姻登记档案。

第十七条 结婚证、离婚证遗失或者损毁的，当事人可以持户口簿、身份证向原办理婚姻登记的机关或者一方当事人常住户口所在地的婚姻登记机关申请补领。婚姻登记机关对当事人的婚姻登记档案进行查证，确认属实的，应当为当事人补发结婚证、离婚证。

第五章 罚 则

第十八条 婚姻登记机关及其婚姻登记员有下列行为之一的，对直接负责的主管人员和其他直接责任人员依法给予行政处分：

（一）为不符合婚姻登记条件的当事人办理婚姻登记的；

（二）玩忽职守造成婚姻登记档案损失的；

（三）办理婚姻登记或者补发结婚证、离婚证超过收费标准收取费用的。

违反前款第（三）项规定收取的费用，应当退还当事人。

第六章　附　则

第十九条　中华人民共和国驻外使（领）馆可以依照本条例的有关规定，为男女双方均居住于驻在国的中国公民办理婚姻登记。

第二十条　本条例规定的婚姻登记证由国务院民政部门规定式样并监制。

第二十一条　当事人办理婚姻登记或者补领结婚证、离婚证应当交纳工本费。工本费的收费标准由国务院价格主管部门会同国务院财政部门规定并公布。

第二十二条　本条例自 2003 年 10 月 1 日起施行。1994 年 1 月 12 日国务院批准、1994 年 2 月 1 日民政部发布的《婚姻登记管理条例》同时废止。

最高人民法院关于适用《中华人民共和国民法典》时间效力的若干规定

（2020 年 12 月 14 日最高人民法院审判委员会第 1821 次会议通过　2020 年 12 月 29 日最高人民法院公告公布　自 2021 年 1 月 1 日起施行　法释〔2020〕15 号）

根据《中华人民共和国立法法》《中华人民共和国民法典》等法律规定，就人民法院在审理民事纠纷案件中有关适用民法典时间效力问题作出如下规定。

一、一般规定

第一条　民法典施行后的法律事实引起的民事纠纷案件，适用民法典的规定。

民法典施行前的法律事实引起的民事纠纷案件，适用当时的法律、司法解释的规定，但是法律、司法解释另有规定的除外。

民法典施行前的法律事实持续至民法典施行后，该法律事实引起的民事纠纷案件，适用民法典的规定，但是法律、司法解释另有规定的除外。

第二条　民法典施行前的法律事实引起的民事纠纷案件，当时的法律、司法解释有规定，适用当时的法律、司法解释的规定，但是适用民法典的规定更有利于保护民事主体合法权益，更有利于维护社会和经济秩序，更有利于弘扬社会主义核心价值观的除外。

第三条　民法典施行前的法律事实引起的民事纠纷案件，当时的法律、司法解释没有规定而民法典有规定的，可以适用民法典的规定，但是明显减损当事人合法权益、增加当事人法定义务或者背离当事人合理预期的除外。

第四条　民法典施行前的法律事实引起的民事纠纷案件，当时的法律、司法解释仅有原则性规定而民法典有具体规定的，适用当时的法律、司法解释的规定，但是可以依据民法典具体规定进行裁判说理。

第五条　民法典施行前已经终审的案件，当事人申请再审或者按照审判监督程序决定再审的，不适用民法典的规定。

二、溯及适用的具体规定

第六条 《中华人民共和国民法总则》施行前，侵害英雄烈士等的姓名、肖像、名誉、荣誉，损害社会公共利益引起的民事纠纷案件，适用民法典第一百八十五条的规定。

第七条 民法典施行前，当事人在债务履行期限届满前约定债务人不履行到期债务时抵押财产或者质押财产归债权人所有的，适用民法典第四百零一条和第四百二十八条的规定。

第八条 民法典施行前成立的合同，适用当时的法律、司法解释的规定合同无效而适用民法典的规定合同有效的，适用民法典的相关规定。

第九条 民法典施行前订立的合同，提供格式条款一方未履行提示或者说明义务，涉及格式条款效力认定的，适用民法典第四百九十六条的规定。

第十条 民法典施行前，当事人一方未通知对方而直接以提起诉讼方式依法主张解除合同的，适用民法典第五百六十五条第二款的规定。

第十一条 民法典施行前成立的合同，当事人一方不履行非金钱债务或者履行非金钱债务不符合约定，对方可以请求履行，但是有民法典第五百八十条第一款第一项、第二项、第三项除外情形之一，致使不能实现合同目的，当事人请求终止合同权利义务关系的，适用民法典第五百八十条第二款的规定。

第十二条 民法典施行前订立的保理合同发生争议的，适用民法典第三编第十六章的规定。

第十三条　民法典施行前，继承人有民法典第一千一百二十五条第一款第四项和第五项规定行为之一，对该继承人是否丧失继承权发生争议的，适用民法典第一千一百二十五条第一款和第二款的规定。

民法典施行前，受遗赠人有民法典第一千一百二十五条第一款规定行为之一，对受遗赠人是否丧失受遗赠权发生争议的，适用民法典第一千一百二十五条第一款和第三款的规定。

第十四条　被继承人在民法典施行前死亡，遗产无人继承又无人受遗赠，其兄弟姐妹的子女请求代位继承的，适用民法典第一千一百二十八条第二款和第三款的规定，但是遗产已经在民法典施行前处理完毕的除外。

第十五条　民法典施行前，遗嘱人以打印方式立的遗嘱，当事人对该遗嘱效力发生争议的，适用民法典第一千一百三十六条的规定，但是遗产已经在民法典施行前处理完毕的除外。

第十六条　民法典施行前，受害人自愿参加具有一定风险的文体活动受到损害引起的民事纠纷案件，适用民法典第一千一百七十六条的规定。

第十七条　民法典施行前，受害人为保护自己合法权益采取扣留侵权人的财物等措施引起的民事纠纷案件，适用民法典第一千一百七十七条的规定。

第十八条　民法典施行前，因非营运机动车发生交通事故造成无偿搭乘人损害引起的民事纠纷案件，适用民法典第一千二百一十七条的规定。

第十九条　民法典施行前，从建筑物中抛掷物品或者从建筑物上坠落的物品造成他人损害引起的民事纠纷案件，适用民法典第一千二百五十四条的规定。

三、衔接适用的具体规定

第二十条 民法典施行前成立的合同，依照法律规定或者当事人约定该合同的履行持续至民法典施行后，因民法典施行前履行合同发生争议的，适用当时的法律、司法解释的规定；因民法典施行后履行合同发生争议的，适用民法典第三编第四章和第五章的相关规定。

第二十一条 民法典施行前租赁期限届满，当事人主张适用民法典第七百三十四条第二款规定的，人民法院不予支持；租赁期限在民法典施行后届满，当事人主张适用民法典第七百三十四条第二款规定的，人民法院依法予以支持。

第二十二条 民法典施行前，经人民法院判决不准离婚后，双方又分居满一年，一方再次提起离婚诉讼的，适用民法典第一千零七十九条第五款的规定。

第二十三条 被继承人在民法典施行前立有公证遗嘱，民法典施行后又立有新遗嘱，其死亡后，因该数份遗嘱内容相抵触发生争议的，适用民法典第一千一百四十二条第三款的规定。

第二十四条 侵权行为发生在民法典施行前，但是损害后果出现在民法典施行后的民事纠纷案件，适用民法典的规定。

第二十五条 民法典施行前成立的合同，当时的法律、司法解释没有规定且当事人没有约定解除权行使期限，对方当事人也未催告的，解除权人在民法典施行前知道或者应当知道解除事由，自民法典施行之日起一年内不行使的，人民法院应当依法认定该解除权消灭；解除权人在民法典施行后知道或者应当知道解除事由的，适用民法典第五百六十四条第二款关于解除权行使期限的规定。

第二十六条　当事人以民法典施行前受胁迫结婚为由请求人民法院撤销婚姻的，撤销权的行使期限适用民法典第一千零五十二条第二款的规定。

第二十七条　民法典施行前成立的保证合同，当事人对保证期间约定不明确，主债务履行期限届满至民法典施行之日不满二年，当事人主张保证期间为主债务履行期限届满之日起二年的，人民法院依法予以支持；当事人对保证期间没有约定，主债务履行期限届满至民法典施行之日不满六个月，当事人主张保证期间为主债务履行期限届满之日起六个月的，人民法院依法予以支持。

四、附　　则

第二十八条　本规定自 2021 年 1 月 1 日起施行。

本规定施行后，人民法院尚未审结的一审、二审案件适用本规定。

最高人民法院关于适用《中华人民共和国民法典》婚姻家庭编的解释（一）

（2020 年 12 月 25 日最高人民法院审判委员会第 1825 次会议通过　2020 年 12 月 29 日最高人民法院公告公布　自 2021 年 1 月 1 日起施行　法释〔2020〕22 号）

为正确审理婚姻家庭纠纷案件，根据《中华人民共和国民法典》《中华人民共和国民事诉讼法》等相关法律规定，结合审判实践，制定本解释。

一、一般规定

第一条　持续性、经常性的家庭暴力，可以认定为民法典第一千零四十二条、第一千零七十九条、第一千零九十一条所称的"虐待"。

第二条　民法典第一千零四十二条、第一千零七十九条、第一千零九十一条规定的"与他人同居"的情形，是指有配偶者与婚外异性，不以夫妻名义，持续、稳定地共同居住。

第三条　当事人提起诉讼仅请求解除同居关系的，人民法院不予受理；已经受理的，裁定驳回起诉。

当事人因同居期间财产分割或者子女抚养纠纷提起诉讼的，人民法院应当受理。

第四条　当事人仅以民法典第一千零四十三条为依据提起诉讼的，人民法院不予受理；已经受理的，裁定驳回起诉。

第五条　当事人请求返还按照习俗给付的彩礼的，如果查明属于以下情形，人民法院应当予以支持：

（一）双方未办理结婚登记手续；

（二）双方办理结婚登记手续但确未共同生活；

（三）婚前给付并导致给付人生活困难。

适用前款第二项、第三项的规定，应当以双方离婚为条件。

二、结　婚

第六条　男女双方依据民法典第一千零四十九条规定补办结婚登记的，婚姻关系的效力从双方均符合民法典所规定的结婚的实质要件时起算。

第七条　未依据民法典第一千零四十九条规定办理结婚登记而以夫妻名义共同生活的男女，提起诉讼要求离婚的，应当区别对待：

（一）1994年2月1日民政部《婚姻登记管理条例》公布实施以前，男女双方已经符合结婚实质要件的，按事实婚姻处理。

（二）1994年2月1日民政部《婚姻登记管理条例》公布实施以后，男女双方符合结婚实质要件的，人民法院应当告知其补办结婚登记。未补办结婚登记的，依据本解释第三条规定处理。

第八条　未依据民法典第一千零四十九条规定办理结婚登记而以夫妻名义共同生活的男女，一方死亡，另一方以配偶身份主张享有继承权的，依据本解释第七条的原则处理。

第九条　有权依据民法典第一千零五十一条规定向人民法院就已办理结婚登记的婚姻请求确认婚姻无效的主体，包括婚姻当事人及利害关系人。其中，利害关系人包括：

（一）以重婚为由的，为当事人的近亲属及基层组织；

（二）以未到法定婚龄为由的，为未到法定婚龄者的近亲属；

（三）以有禁止结婚的亲属关系为由的，为当事人的近亲属。

第十条　当事人依据民法典第一千零五十一条规定向人民法院请求确认婚姻无效，法定的无效婚姻情形在提起诉讼时已经消失的，人民法院不予支持。

第十一条　人民法院受理请求确认婚姻无效案件后，原告申请撤诉的，不予准许。

对婚姻效力的审理不适用调解，应当依法作出判决。

涉及财产分割和子女抚养的，可以调解。调解达成协议的，另行制作调解书；未达成调解协议的，应当一并作出判决。

第十二条　人民法院受理离婚案件后，经审理确属无效婚姻的，应当将婚姻无效的情形告知当事人，并依法作出确认婚姻无效的判决。

第十三条　人民法院就同一婚姻关系分别受理了离婚和请求确认婚姻无效案件的，对于离婚案件的审理，应当待请求确认婚姻无效案件作出判决后进行。

第十四条　夫妻一方或者双方死亡后，生存一方或者利害关系人依据民法典第一千零五十一条的规定请求确认婚姻无效的，人民法院应当受理。

第十五条　利害关系人依据民法典第一千零五十一条的规定，请求人民法院确认婚姻无效的，利害关系人为原告，婚姻关系当事人双方为被告。

夫妻一方死亡的，生存一方为被告。

第十六条　人民法院审理重婚导致的无效婚姻案件时，涉及财产处理的，应当准许合法婚姻当事人作为有独立请求权的第三人参加诉讼。

第十七条　当事人以民法典第一千零五十一条规定的三种无效婚姻以外的情形请求确认婚姻无效的，人民法院应当判决驳回当事人的诉讼请求。

当事人以结婚登记程序存在瑕疵为由提起民事诉讼，主张撤销结婚登记的，告知其可以依法申请行政复议或者提起行政诉讼。

第十八条　行为人以给另一方当事人或者其近亲属的生命、身体、健康、名誉、财产等方面造成损害为要挟，迫使另一方当事人违背真实意愿结婚的，可以认定为民法典第一千零五十二条所称的"胁迫"。

因受胁迫而请求撤销婚姻的，只能是受胁迫一方的婚姻关系当事人本人。

第十九条 民法典第一千零五十二条规定的"一年"，不适用诉讼时效中止、中断或者延长的规定。

受胁迫或者被非法限制人身自由的当事人请求撤销婚姻的，不适用民法典第一百五十二条第二款的规定。

第二十条 民法典第一千零五十四条所规定的"自始没有法律约束力"，是指无效婚姻或者可撤销婚姻在依法被确认无效或者被撤销时，才确定该婚姻自始不受法律保护。

第二十一条 人民法院根据当事人的请求，依法确认婚姻无效或者撤销婚姻的，应当收缴双方的结婚证书并将生效的判决书寄送当地婚姻登记管理机关。

第二十二条 被确认无效或者被撤销的婚姻，当事人同居期间所得的财产，除有证据证明为当事人一方所有的以外，按共同共有处理。

三、夫妻关系

第二十三条 夫以妻擅自中止妊娠侵犯其生育权为由请求损害赔偿的，人民法院不予支持；夫妻双方因是否生育发生纠纷，致使感情确已破裂，一方请求离婚的，人民法院经调解无效，应依照民法典第一千零七十九条第三款第五项的规定处理。

第二十四条 民法典第一千零六十二条第一款第三项规定的"知识产权的收益"，是指婚姻关系存续期间，实际取得或者已经明确可以取得的财产性收益。

第二十五条 婚姻关系存续期间，下列财产属于民法典第一千零六十二条规定的"其他应当归共同所有的财产"：

（一）一方以个人财产投资取得的收益；

（二）男女双方实际取得或者应当取得的住房补贴、住房公积金；

（三）男女双方实际取得或者应当取得的基本养老金、破产安置补偿费。

第二十六条 夫妻一方个人财产在婚后产生的收益，除孳息和自然增值外，应认定为夫妻共同财产。

第二十七条 由一方婚前承租、婚后用共同财产购买的房屋，登记在一方名下的，应当认定为夫妻共同财产。

第二十八条 一方未经另一方同意出售夫妻共同所有的房屋，第三人善意购买、支付合理对价并已办理不动产登记，另一方主张追回该房屋的，人民法院不予支持。

夫妻一方擅自处分共同所有的房屋造成另一方损失，离婚时另一方请求赔偿损失的，人民法院应予支持。

第二十九条 当事人结婚前，父母为双方购置房屋出资的，该出资应当认定为对自己子女个人的赠与，但父母明确表示赠与双方的除外。

当事人结婚后，父母为双方购置房屋出资的，依照约定处理；没有约定或者约定不明确的，按照民法典第一千零六十二条第一款第四项规定的原则处理。

第三十条 军人的伤亡保险金、伤残补助金、医药生活补助费属于个人财产。

第三十一条 民法典第一千零六十三条规定为夫妻一方的个人财产，不因婚姻关系的延续而转化为夫妻共同财产。但当事人另有约定的除外。

第三十二条　婚前或者婚姻关系存续期间，当事人约定将一方所有的房产赠与另一方或者共有，赠与方在赠与房产变更登记之前撤销赠与，另一方请求判令继续履行的，人民法院可以按照民法典第六百五十八条的规定处理。

第三十三条　债权人就一方婚前所负个人债务向债务人的配偶主张权利的，人民法院不予支持。但债权人能够证明所负债务用于婚后家庭共同生活的除外。

第三十四条　夫妻一方与第三人串通，虚构债务，第三人主张该债务为夫妻共同债务的，人民法院不予支持。

夫妻一方在从事赌博、吸毒等违法犯罪活动中所负债务，第三人主张该债务为夫妻共同债务的，人民法院不予支持。

第三十五条　当事人的离婚协议或者人民法院生效判决、裁定、调解书已经对夫妻财产分割问题作出处理的，债权人仍有权就夫妻共同债务向男女双方主张权利。

一方就夫妻共同债务承担清偿责任后，主张由另一方按照离婚协议或者人民法院的法律文书承担相应债务的，人民法院应予支持。

第三十六条　夫或者妻一方死亡的，生存一方应当对婚姻关系存续期间的夫妻共同债务承担清偿责任。

第三十七条　民法典第一千零六十五条第三款所称"相对人知道该约定的"，夫妻一方对此负有举证责任。

第三十八条　婚姻关系存续期间，除民法典第一千零六十六条规定情形以外，夫妻一方请求分割共同财产的，人民法院不予支持。

四、父母子女关系

第三十九条　父或者母向人民法院起诉请求否认亲子关系，并已提供必要证据予以证明，另一方没有相反证据又拒绝做亲子鉴定的，人民法院可以认定否认亲子关系一方的主张成立。

父或者母以及成年子女起诉请求确认亲子关系，并提供必要证据予以证明，另一方没有相反证据又拒绝做亲子鉴定的，人民法院可以认定确认亲子关系一方的主张成立。

第四十条　婚姻关系存续期间，夫妻双方一致同意进行人工授精，所生子女应视为婚生子女，父母子女间的权利义务关系适用民法典的有关规定。

第四十一条　尚在校接受高中及其以下学历教育，或者丧失、部分丧失劳动能力等非因主观原因而无法维持正常生活的成年子女，可以认定为民法典第一千零六十七条规定的"不能独立生活的成年子女"。

第四十二条　民法典第一千零六十七条所称"抚养费"，包括子女生活费、教育费、医疗费等费用。

第四十三条　婚姻关系存续期间，父母双方或者一方拒不履行抚养子女义务，未成年子女或者不能独立生活的成年子女请求支付抚养费的，人民法院应予支持。

第四十四条　离婚案件涉及未成年子女抚养的，对不满两周岁的子女，按照民法典第一千零八十四条第三款规定的原则处理。母亲有下列情形之一，父亲请求直接抚养的，人民法院应予支持：

（一）患有久治不愈的传染性疾病或者其他严重疾病，子女不宜与其共同生活；

（二）有抚养条件不尽抚养义务，而父亲要求子女随其生活；

（三）因其他原因，子女确不宜随母亲生活。

第四十五条　父母双方协议不满两周岁子女由父亲直接抚养，并对子女健康成长无不利影响的，人民法院应予支持。

第四十六条　对已满两周岁的未成年子女，父母均要求直接抚养，一方有下列情形之一的，可予优先考虑：

（一）已做绝育手术或者因其他原因丧失生育能力；

（二）子女随其生活时间较长，改变生活环境对子女健康成长明显不利；

（三）无其他子女，而另一方有其他子女；

（四）子女随其生活，对子女成长有利，而另一方患有久治不愈的传染性疾病或者其他严重疾病，或者有其他不利于子女身心健康的情形，不宜与子女共同生活。

第四十七条　父母抚养子女的条件基本相同，双方均要求直接抚养子女，但子女单独随祖父母或者外祖父母共同生活多年，且祖父母或者外祖父母要求并且有能力帮助子女照顾孙子女或者外孙子女的，可以作为父或者母直接抚养子女的优先条件予以考虑。

第四十八条　在有利于保护子女利益的前提下，父母双方协议轮流直接抚养子女的，人民法院应予支持。

第四十九条　抚养费的数额，可以根据子女的实际需要、父母双方的负担能力和当地的实际生活水平确定。

有固定收入的，抚养费一般可以按其月总收入的百分之二十至三十的比例给付。负担两个以上子女抚养费的，比例可以适当提高，但一般不得超过月总收入的百分之五十。

无固定收入的，抚养费的数额可以依据当年总收入或者同行业平均收入，参照上述比例确定。

有特殊情况的，可以适当提高或者降低上述比例。

第五十条　抚养费应当定期给付，有条件的可以一次性给付。

第五十一条　父母一方无经济收入或者下落不明的，可以用其财物折抵抚养费。

第五十二条　父母双方可以协议由一方直接抚养子女并由直接抚养方负担子女全部抚养费。但是，直接抚养方的抚养能力明显不能保障子女所需费用，影响子女健康成长的，人民法院不予支持。

第五十三条　抚养费的给付期限，一般至子女十八周岁为止。

十六周岁以上不满十八周岁，以其劳动收入为主要生活来源，并能维持当地一般生活水平的，父母可以停止给付抚养费。

第五十四条　生父与继母离婚或者生母与继父离婚时，对曾受其抚养教育的继子女，继父或者继母不同意继续抚养的，仍应由生父或者生母抚养。

第五十五条　离婚后，父母一方要求变更子女抚养关系的，或者子女要求增加抚养费的，应当另行提起诉讼。

第五十六条　具有下列情形之一，父母一方要求变更子女抚养关系的，人民法院应予支持：

（一）与子女共同生活的一方因患严重疾病或者因伤残无力继续抚养子女；

（二）与子女共同生活的一方不尽抚养义务或有虐待子女行为，或者其与子女共同生活对子女身心健康确有不利影响；

（三）已满八周岁的子女，愿随另一方生活，该方又有抚养能力；

（四）有其他正当理由需要变更。

第五十七条　父母双方协议变更子女抚养关系的，人民法院应予支持。

第五十八条　具有下列情形之一，子女要求有负担能力的父或者母增加抚养费的，人民法院应予支持：

（一）原定抚养费数额不足以维持当地实际生活水平；

（二）因子女患病、上学，实际需要已超过原定数额；

（三）有其他正当理由应当增加。

第五十九条 父母不得因子女变更姓氏而拒付子女抚养费。父或者母擅自将子女姓氏改为继母或继父姓氏而引起纠纷的，应当责令恢复原姓氏。

第六十条 在离婚诉讼期间，双方均拒绝抚养子女的，可以先行裁定暂由一方抚养。

第六十一条 对拒不履行或者妨害他人履行生效判决、裁定、调解书中有关子女抚养义务的当事人或者其他人，人民法院可依照民事诉讼法第一百一十一条的规定采取强制措施。

五、离　婚

第六十二条 无民事行为能力人的配偶有民法典第三十六条第一款规定行为，其他有监护资格的人可以要求撤销其监护资格，并依法指定新的监护人；变更后的监护人代理无民事行为能力一方提起离婚诉讼的，人民法院应予受理。

第六十三条 人民法院审理离婚案件，符合民法典第一千零七十九条第三款规定"应当准予离婚"情形的，不应当因当事人有过错而判决不准离婚。

第六十四条 民法典第一千零八十一条所称的"军人一方有重大过错"，可以依据民法典第一千零七十九条第三款前三项规定及军人有其他重大过错导致夫妻感情破裂的情形予以判断。

第六十五条 人民法院作出的生效的离婚判决中未涉及探望权，当事人就探望权问题单独提起诉讼的，人民法院应予受理。

第六十六条　当事人在履行生效判决、裁定或者调解书的过程中，一方请求中止探望的，人民法院在征询双方当事人意见后，认为需要中止探望的，依法作出裁定；中止探望的情形消失后，人民法院应当根据当事人的请求书面通知其恢复探望。

第六十七条　未成年子女、直接抚养子女的父或者母以及其他对未成年子女负担抚养、教育、保护义务的法定监护人，有权向人民法院提出中止探望的请求。

第六十八条　对于拒不协助另一方行使探望权的有关个人或者组织，可以由人民法院依法采取拘留、罚款等强制措施，但是不能对子女的人身、探望行为进行强制执行。

第六十九条　当事人达成的以协议离婚或者到人民法院调解离婚为条件的财产以及债务处理协议，如果双方离婚未成，一方在离婚诉讼中反悔的，人民法院应当认定该财产以及债务处理协议没有生效，并根据实际情况依照民法典第一千零八十七条和第一千零八十九条的规定判决。

当事人依照民法典第一千零七十六条签订的离婚协议中关于财产以及债务处理的条款，对男女双方具有法律约束力。登记离婚后当事人因履行上述协议发生纠纷提起诉讼的，人民法院应当受理。

第七十条　夫妻双方协议离婚后就财产分割问题反悔，请求撤销财产分割协议的，人民法院应当受理。

人民法院审理后，未发现订立财产分割协议时存在欺诈、胁迫等情形的，应当依法驳回当事人的诉讼请求。

第七十一条　人民法院审理离婚案件，涉及分割发放到军人名下的复员费、自主择业费等一次性费用的，以夫妻婚姻关系存续年限乘以年平均值，所得数额为夫妻共同财产。

前款所称年平均值，是指将发放到军人名下的上述费用总额按具体年限均分得出的数额。其具体年限为人均寿命七十岁与军人入伍时实际年龄的差额。

第七十二条　夫妻双方分割共同财产中的股票、债券、投资基金份额等有价证券以及未上市股份有限公司股份时，协商不成或者按市价分配有困难的，人民法院可以根据数量按比例分配。

第七十三条　人民法院审理离婚案件，涉及分割夫妻共同财产中以一方名义在有限责任公司的出资额，另一方不是该公司股东的，按以下情形分别处理：

（一）夫妻双方协商一致将出资额部分或者全部转让给该股东的配偶，其他股东过半数同意，并且其他股东均明确表示放弃优先购买权的，该股东的配偶可以成为该公司股东；

（二）夫妻双方就出资额转让份额和转让价格等事项协商一致后，其他股东半数以上不同意转让，但愿意以同等条件购买该出资额的，人民法院可以对转让出资所得财产进行分割。其他股东半数以上不同意转让，也不愿意以同等条件购买该出资额的，视为其同意转让，该股东的配偶可以成为该公司股东。

用于证明前款规定的股东同意的证据，可以是股东会议材料，也可以是当事人通过其他合法途径取得的股东的书面声明材料。

第七十四条　人民法院审理离婚案件，涉及分割夫妻共同财产中以一方名义在合伙企业中的出资，另一方不是该企业合伙人的，当夫妻双方协商一致，将其合伙企业中的财产份额全部或者部分转让给对方时，按以下情形分别处理：

（一）其他合伙人一致同意的，该配偶依法取得合伙人地位；

（二）其他合伙人不同意转让，在同等条件下行使优先购买权的，可以对转让所得的财产进行分割；

（三）其他合伙人不同意转让，也不行使优先购买权，但同意该合伙人退伙或者削减部分财产份额的，可以对结算后的财产进行分割；

（四）其他合伙人既不同意转让，也不行使优先购买权，又不同意该合伙人退伙或者削减部分财产份额的，视为全体合伙人同意转让，该配偶依法取得合伙人地位。

第七十五条　夫妻以一方名义投资设立个人独资企业的，人民法院分割夫妻在该个人独资企业中的共同财产时，应当按照以下情形分别处理：

（一）一方主张经营该企业的，对企业资产进行评估后，由取得企业资产所有权一方给予另一方相应的补偿；

（二）双方均主张经营该企业的，在双方竞价基础上，由取得企业资产所有权的一方给予另一方相应的补偿；

（三）双方均不愿意经营该企业的，按照《中华人民共和国个人独资企业法》等有关规定办理。

第七十六条　双方对夫妻共同财产中的房屋价值及归属无法达成协议时，人民法院按以下情形分别处理：

（一）双方均主张房屋所有权并且同意竞价取得的，应当准许；

（二）一方主张房屋所有权的，由评估机构按市场价格对房屋作出评估，取得房屋所有权的一方应当给予另一方相应的补偿；

（三）双方均不主张房屋所有权的，根据当事人的申请拍卖、变卖房屋，就所得价款进行分割。

第七十七条　离婚时双方对尚未取得所有权或者尚未取得完全所有权的房屋有争议且协商不成的，人民法院不宜判决房屋所有权的归属，应当根据实际情况判决由当事人使用。

当事人就前款规定的房屋取得完全所有权后，有争议的，可以另行向人民法院提起诉讼。

第七十八条 夫妻一方婚前签订不动产买卖合同，以个人财产支付首付款并在银行贷款，婚后用夫妻共同财产还贷，不动产登记于首付款支付方名下的，离婚时该不动产由双方协议处理。

依前款规定不能达成协议的，人民法院可以判决该不动产归登记一方，尚未归还的贷款为不动产登记一方的个人债务。双方婚后共同还贷支付的款项及其相对应财产增值部分，离婚时应根据民法典第一千零八十七条第一款规定的原则，由不动产登记一方对另一方进行补偿。

第七十九条 婚姻关系存续期间，双方用夫妻共同财产出资购买以一方父母名义参加房改的房屋，登记在一方父母名下，离婚时另一方主张按照夫妻共同财产对该房屋进行分割的，人民法院不予支持。购买该房屋时的出资，可以作为债权处理。

第八十条 离婚时夫妻一方尚未退休、不符合领取基本养老金条件，另一方请求按照夫妻共同财产分割基本养老金的，人民法院不予支持；婚后以夫妻共同财产缴纳基本养老保险费，离婚时一方主张将养老金账户中婚姻关系存续期间个人实际缴纳部分及利息作为夫妻共同财产分割的，人民法院应予支持。

第八十一条 婚姻关系存续期间，夫妻一方作为继承人依法可以继承的遗产，在继承人之间尚未实际分割，起诉离婚时另一方请求分割的，人民法院应当告知当事人在继承人之间实际分割遗产后另行起诉。

第八十二条 夫妻之间订立借款协议，以夫妻共同财产出借给一方从事个人经营活动或者用于其他个人事务的，应视为双方约定处分夫妻共同财产的行为，离婚时可以按照借款协议的约定处理。

第八十三条　离婚后，一方以尚有夫妻共同财产未处理为由向人民法院起诉请求分割的，经审查该财产确属离婚时未涉及的夫妻共同财产，人民法院应当依法予以分割。

第八十四条　当事人依据民法典第一千零九十二条的规定向人民法院提起诉讼，请求再次分割夫妻共同财产的诉讼时效期间为三年，从当事人发现之日起计算。

第八十五条　夫妻一方申请对配偶的个人财产或者夫妻共同财产采取保全措施的，人民法院可以在采取保全措施可能造成损失的范围内，根据实际情况，确定合理的财产担保数额。

第八十六条　民法典第一千零九十一条规定的"损害赔偿"，包括物质损害赔偿和精神损害赔偿。涉及精神损害赔偿的，适用《最高人民法院关于确定民事侵权精神损害赔偿责任若干问题的解释》的有关规定。

第八十七条　承担民法典第一千零九十一条规定的损害赔偿责任的主体，为离婚诉讼当事人中无过错方的配偶。

人民法院判决不准离婚的案件，对于当事人基于民法典第一千零九十一条提出的损害赔偿请求，不予支持。

在婚姻关系存续期间，当事人不起诉离婚而单独依据民法典第一千零九十一条提起损害赔偿请求的，人民法院不予受理。

第八十八条　人民法院受理离婚案件时，应当将民法典第一千零九十一条等规定中当事人的有关权利义务，书面告知当事人。在适用民法典第一千零九十一条时，应当区分以下不同情况：

（一）符合民法典第一千零九十一条规定的无过错方作为原告基

于该条规定向人民法院提起损害赔偿请求的，必须在离婚诉讼的同时提出。

（二）符合民法典第一千零九十一条规定的无过错方作为被告的离婚诉讼案件，如果被告不同意离婚也不基于该条规定提起损害赔偿请求的，可以就此单独提起诉讼。

（三）无过错方作为被告的离婚诉讼案件，一审时被告未基于民法典第一千零九十一条规定提出损害赔偿请求，二审期间提出的，人民法院应当进行调解；调解不成的，告知当事人另行起诉。双方当事人同意由第二审人民法院一并审理的，第二审人民法院可以一并裁判。

第八十九条 当事人在婚姻登记机关办理离婚登记手续后，以民法典第一千零九十一条规定为由向人民法院提出损害赔偿请求的，人民法院应当受理。但当事人在协议离婚时已经明确表示放弃该项请求的，人民法院不予支持。

第九十条 夫妻双方均有民法典第一千零九十一条规定的过错情形，一方或者双方向对方提出离婚损害赔偿请求的，人民法院不予支持。

六、附　则

第九十一条 本解释自 2021 年 1 月 1 日起施行。

最高人民法院关于中国公民申请承认外国法院离婚判决程序问题的规定

（1991 年 7 月 5 日最高人民法院审判委员会第 503 次会议通过　根据 2020 年 12 月 23 日最高人民法院审判委员会第 1823 次会议通过的《最高人民法院关于修改〈最高人民法院关于人民法院民事调解工作若干问题的规定〉等十九件民事诉讼类司法解释的决定》修正　2020 年 12 月 29 日最高人民法院公告公布　自 2021 年 1 月 1 日起施行　法释〔2020〕20 号）

第一条　对与我国没有订立司法协助协议的外国法院作出的离婚判决，中国籍当事人可以根据本规定向人民法院申请承认该外国法院的离婚判决。

对与我国有司法协助协议的外国法院作出的离婚判决，按照协议的规定申请承认。

第二条　外国法院离婚判决中的夫妻财产分割、生活费负担、子女抚养方面判决的承认执行，不适用本规定。

第三条　向人民法院申请承认外国法院的离婚判决，申请人应提出书面申请书，并须附有外国法院离婚判决书正本及经证明无误的中文译本。否则，不予受理。

第四条　申请书应记明以下事项：

（一）申请人姓名、性别、年龄、工作单位和住址；

（二）判决由何国法院作出，判结结果、时间；

（三）受传唤及应诉的情况；

（四）申请理由及请求；

（五）其他需要说明的情况。

第五条 申请由申请人住所地中级人民法院受理。申请人住所地与经常居住地不一致的，由经常居住地中级人民法院受理。

申请人不在国内的，由申请人原国内住所地中级人民法院受理。

第六条 人民法院接到申请书，经审查，符合本规定的受理条件的，应当在 7 日内立案；不符合的，应当在 7 日内通知申请人不予受理，并说明理由。

第七条 人民法院审查承认外国法院离婚判决的申请，由三名审判员组成合议庭进行，作出的裁定不得上诉。

第八条 人民法院受理申请后，对于外国法院离婚判决书没有指明已生效或生效时间的，应责令申请人提交作出判决的法院出具的判决已生效的证明文件。

第九条 外国法院作出离婚判决的原告为申请人的，人民法院应责令其提交作出判决的外国法院已合法传唤被告出庭的有关证明文件。

第十条 按照第八条、第九条要求提供的证明文件，应经该外国公证部门公证和我国驻该国使、领馆认证，或者履行中华人民共和国与该所在国订立的有关条约中规定的证明手续。同时应由申请人提供经证明无误的中文译本。

第十一条 居住在我国境内的外国法院离婚判决的被告为申请人，提交第八条、第十条所要求的证明文件和公证、认证有困难的，如能提交外国法院的应诉通知或出庭传票的，可推定外国法院离婚判决书为真实和已经生效。

第十二条 经审查，外国法院的离婚判决具有下列情形之一的，不予承认：

（一）判决尚未发生法律效力；

（二）作出判决的外国法院对案件没有管辖权；

（三）判决是在被告缺席且未得到合法传唤情况下作出的；

（四）该当事人之间的离婚案件，我国法院正在审理或已作出判决，或者第三国法院对该当事人之间作出的离婚案件判决已为我国法院所承认；

（五）判决违反我国法律的基本原则或者危害我国国家主权、安全和社会公共利益。

第十三条 对外国法院的离婚判决的承认，以裁定方式作出。没有第十二条规定的情形的，裁定承认其法律效力；具有第十二条规定的情形之一的，裁定驳回申请人的申请。

第十四条 裁定书以"中华人民共和国××中级人民法院"名义作出，由合议庭成员署名，加盖人民法院印章。

第十五条 裁定书一经送达，即发生法律效力。

第十六条 申请承认外国法院的离婚判决，申请人应向人民法院交纳案件受理费人民币 100 元。

第十七条 申请承认外国法院的离婚判决，委托他人代理的，必须向人民法院提交由委托人签名或盖章的授权委托书。委托人在国外出具的委托书，必须经我国驻该国的使、领馆证明，或者履行中华人民共和国与该所在国订立的有关条约中规定的证明手续。

第十八条 人民法院受理离婚诉讼后，原告一方变更请求申请承认外国法院离婚判决，或者被告一方另提出承认外国法院离婚判决申请的，其申请均不受理。

第十九条 人民法院受理承认外国法院离婚判决的申请后，对方当事人向人民法院起诉离婚的，人民法院不予受理。

第二十条　当事人之间的婚姻虽经外国法院判决，但未向人民法院申请承认的，不妨碍当事人一方另行向人民法院提出离婚诉讼。

第二十一条　申请人的申请为人民法院受理后，申请人可以撤回申请，人民法院以裁定准予撤回。申请人撤回申请后，不得再提出申请，但可以另向人民法院起诉离婚。

第二十二条　申请人的申请被驳回后，不得再提出申请，但可以另行向人民法院起诉离婚。

最高人民法院关于人民法院
民事调解工作若干问题的规定

（2004年8月18日最高人民法院审判委员会第1321次会议通过　根据2008年12月16日公布的《最高人民法院关于调整司法解释等文件中引用〈中华人民共和国民事诉讼法〉条文序号的决定》第一次修正　根据2020年12月23日最高人民法院审判委员会第1823次会议通过的《最高人民法院关于修改〈最高人民法院关于人民法院民事调解工作若干问题的规定〉等十九件民事诉讼类司法解释的决定》第二次修正　2020年12月29日最高人民法院公告公布　自2021年1月1日起施行　法释〔2020〕20号）

为了保证人民法院正确调解民事案件，及时解决纠纷，保障和方便当事人依法行使诉讼权利，节约司法资源，根据《中华人民共和国民事诉讼法》等法律的规定，结合人民法院调解工作的经验和实际情况，制定本规定。

第一条　根据民事诉讼法第九十五条的规定，人民法院可以邀请与当事人有特定关系或者与案件有一定联系的企业事业单位、社会团体或者其他组织，和具有专门知识、特定社会经验、与当事人有特定关系并有利于促成调解的个人协助调解工作。

经各方当事人同意，人民法院可以委托前款规定的单位或者个人对案件进行调解，达成调解协议后，人民法院应当依法予以确认。

第二条 当事人在诉讼过程中自行达成和解协议的，人民法院可以根据当事人的申请依法确认和解协议制作调解书。双方当事人申请庭外和解的期间，不计入审限。

当事人在和解过程中申请人民法院对和解活动进行协调的，人民法院可以委派审判辅助人员或者邀请、委托有关单位和个人从事协调活动。

第三条 人民法院应当在调解前告知当事人主持调解人员和书记员姓名以及是否申请回避等有关诉讼权利和诉讼义务。

第四条 在答辩期满前人民法院对案件进行调解，适用普通程序的案件在当事人同意调解之日起 15 天内，适用简易程序的案件在当事人同意调解之日起 7 天内未达成调解协议的，经各方当事人同意，可以继续调解。延长的调解期间不计入审限。

第五条 当事人申请不公开进行调解的，人民法院应当准许。

调解时当事人各方应当同时在场，根据需要也可以对当事人分别作调解工作。

第六条 当事人可以自行提出调解方案，主持调解的人员也可以提出调解方案供当事人协商时参考。

第七条 调解协议内容超出诉讼请求的，人民法院可以准许。

第八条 人民法院对于调解协议约定一方不履行协议应当承担民事责任的，应予准许。

调解协议约定一方不履行协议，另一方可以请求人民法院对案件作出裁判的条款，人民法院不予准许。

第九条 调解协议约定一方提供担保或者案外人同意为当事人提供担保的，人民法院应当准许。

案外人提供担保的，人民法院制作调解书应当列明担保人，并将调解书送交担保人。担保人不签收调解书的，不影响调解书生效。

当事人或者案外人提供的担保符合民法典规定的条件时生效。

第十条 调解协议具有下列情形之一的，人民法院不予确认：

（一）侵害国家利益、社会公共利益的；

（二）侵害案外人利益的；

（三）违背当事人真实意思的；

（四）违反法律、行政法规禁止性规定的。

第十一条 当事人不能对诉讼费用如何承担达成协议的，不影响调解协议的效力。人民法院可以直接决定当事人承担诉讼费用的比例，并将决定记入调解书。

第十二条 对调解书的内容既不享有权利又不承担义务的当事人不签收调解书的，不影响调解书的效力。

第十三条 当事人以民事调解书与调解协议的原意不一致为由提出异议，人民法院审查后认为异议成立的，应当根据调解协议裁定补正民事调解书的相关内容。

第十四条 当事人就部分诉讼请求达成调解协议的，人民法院可以就此先行确认并制作调解书。

当事人就主要诉讼请求达成调解协议，请求人民法院对未达成协议的诉讼请求提出处理意见并表示接受该处理结果的，人民法院的处理意见是调解协议的一部分内容，制作调解书的记入调解书。

第十五条 调解书确定的担保条款条件或者承担民事责任的条件

成就时，当事人申请执行的，人民法院应当依法执行。

不履行调解协议的当事人按照前款规定承担了调解书确定的民事责任后，对方当事人又要求其承担民事诉讼法第二百五十三条规定的迟延履行责任的，人民法院不予支持。

第十六条 调解书约定给付特定标的物的，调解协议达成前该物上已经存在的第三人的物权和优先权不受影响。第三人在执行过程中对执行标的物提出异议的，应当按照民事诉讼法第二百二十七条规定处理。

第十七条 人民法院对刑事附带民事诉讼案件进行调解，依照本规定执行。

第十八条 本规定实施前人民法院已经受理的案件，在本规定施行后尚未审结的，依照本规定执行。

第十九条 本规定实施前最高人民法院的有关司法解释与本规定不一致的，适用本规定。

第二十条 本规定自 2004 年 11 月 1 日起实施。

民政部关于贯彻落实《中华人民共和国民法典》中有关婚姻登记规定的通知

（2020 年 11 月 24 日　民发〔2020〕116 号）

各省、自治区、直辖市民政厅（局），各计划单列市民政局，新疆生产建设兵团民政局：

《中华人民共和国民法典》（以下简称《民法典》）将于 2021 年 1 月 1 日起施行。根据《民法典》规定，对婚姻登记有关程序等作出如下调整：

一、婚姻登记机关不再受理因胁迫结婚请求撤销业务

《民法典》第一千零五十二条第一款规定："因胁迫结婚的，受胁迫的一方可以向人民法院请求撤销婚姻。"因此，婚姻登记机关不再受理因胁迫结婚的撤销婚姻申请，《婚姻登记工作规范》第四条第三款、第五章废止，删除第十四条第（五）项中"及可撤销婚姻"、第二十五条第（二）项中"撤销受胁迫婚姻"及第七十二条第（二）项中"撤销婚姻"表述。

二、调整离婚登记程序

根据《民法典》第一千零七十六条、第一千零七十七条和第一千零七十八条规定，离婚登记按如下程序办理：

（一）申请。夫妻双方自愿离婚的，应当签订书面离婚协议，共同到有管辖权的婚姻登记机关提出申请，并提供以下证件和证明材料：

1. 内地婚姻登记机关或者中国驻外使（领）馆颁发的结婚证；

2. 符合《婚姻登记工作规范》第二十九条至第三十五条规定的有效身份证件；

3. 在婚姻登记机关现场填写的《离婚登记申请书》（附件1）。

（二）受理。婚姻登记机关按照《婚姻登记工作规范》有关规定对当事人提交的上述材料进行初审。

申请办理离婚登记的当事人有一本结婚证丢失的，当事人应当书面声明遗失，婚姻登记机关可以根据另一本结婚证受理离婚登记申请；申请办理离婚登记的当事人两本结婚证都丢失的，当事人应当书面声明结婚证遗失并提供加盖查档专用章的结婚登记档案复印件，婚姻登记机关可根据当事人提供的上述材料受理离婚登记申请。

婚姻登记机关对当事人提交的证件和证明材料初审无误后，发给

《离婚登记申请受理回执单》（附件2）。不符合离婚登记申请条件的，不予受理。当事人要求出具《不予受理离婚登记申请告知书》（附件3）的，应当出具。

（三）冷静期。自婚姻登记机关收到离婚登记申请并向当事人发放《离婚登记申请受理回执单》之日起三十日内（自婚姻登记机关收到离婚登记申请之日的次日开始计算期间，期间的最后一日是法定休假日的，以法定休假日结束的次日为期间的最后一日），任何一方不愿意离婚的，可以持本人有效身份证件和《离婚登记申请受理回执单》（遗失的可不提供，但需书面说明情况），向受理离婚登记申请的婚姻登记机关撤回离婚登记申请，并亲自填写《撤回离婚登记申请书》（附件4）。经婚姻登记机关核实无误后，发给《撤回离婚登记申请确认单》（附件5），并将《离婚登记申请书》、《撤回离婚登记申请书》与《撤回离婚登记申请确认单（存根联）》一并存档。

自离婚冷静期届满后三十日内（自冷静期届满日的次日开始计算期间，期间的最后一日是法定休假日的，以法定休假日结束的次日为期间的最后一日），双方未共同到婚姻登记机关申请发给离婚证的，视为撤回离婚登记申请。

（四）审查。自离婚冷静期届满后三十日内（自冷静期届满日的次日开始计算期间，期间的最后一日是法定休假日的，以法定休假日结束的次日为期间的最后一日），双方当事人应当持《婚姻登记工作规范》第五十五条第（四）至（七）项规定的证件和材料，共同到婚姻登记机关申请发给离婚证。

婚姻登记机关按照《婚姻登记工作规范》第五十六条和第五十七条规定的程序和条件执行和审查。婚姻登记机关对不符合离婚登记条件的，不予办理。当事人要求出具《不予办理离婚登记告知书》（附件7）的，应当出具。

（五）登记（发证）。婚姻登记机关按照《婚姻登记工作规范》第五十八条至六十条规定，予以登记，发给离婚证。

离婚协议书一式三份，男女双方各一份并自行保存，婚姻登记机关存档一份。婚姻登记机关在当事人持有的两份离婚协议书上加盖"此件与存档件一致，涂改无效。××××婚姻登记处××××年××月××日"的长方形红色印章并填写日期。多页离婚协议书同时在骑缝处加盖此印章，骑缝处不填写日期。当事人亲自签订的离婚协议书原件存档。婚姻登记机关在存档的离婚协议书加盖"××××婚姻登记处存档件××××年××月××日"的长方形红色印章并填写日期。

三、离婚登记档案归档

婚姻登记机关应当按照《婚姻登记档案管理办法》规定建立离婚登记档案，形成电子档案。

归档材料应当增加离婚登记申请环节所有材料（包括撤回离婚登记申请和视为撤回离婚登记申请的所有材料）。

四、工作要求

（一）加强宣传培训。要将本《通知》纳入信息公开的范围，将更新后的婚姻登记相关规定和工作程序及时在相关网站、婚姻登记场所公开，让群众知悉婚姻登记的工作流程和工作要求，最大限度做到便民利民。要抓紧开展教育培训工作，使婚姻登记员及时掌握《通知》的各项规定和要求，确保婚姻登记工作依法依规开展。

（二）做好配套衔接。加快推进本地区相关配套制度的"废改立"工作，确保与本《通知》的规定相一致。做好婚姻登记信息系统的升级，及时将离婚登记的申请、撤回等环节纳入信息系统，确保与婚姻登记程序有效衔接。

（三）强化风险防控。要做好分析研判，对《通知》实施过程中可能出现的风险和问题要有应对措施，确保矛盾问题得到及时处置。要健全请示报告制度，在《通知》执行过程中遇到的重要问题和有关情况，及时报告民政部。

本通知自 2021 年 1 月 1 日起施行。《民政部关于印发〈婚姻登记工作规范〉的通知》（民发〔2015〕230 号）中与本《通知》不一致的，以本《通知》为准。

附件：1. 离婚登记申请书（略）

2. 离婚登记申请受理回执单（略）

3. 不予受理离婚登记申请告知书（略）

4. 撤回离婚登记申请书（略）

5. 撤回离婚登记申请确认单（略）

6. 离婚登记声明书（略）

7. 不予办理离婚登记告知书（略）

8. 离婚登记审查处理表（略）

中国公民收养子女登记办法

（1999 年 5 月 12 日国务院批准　1999 年 5 月 25 日民政部令第 14 号发布　根据 2019 年 3 月 2 日《国务院关于修改部分行政法规的决定》第一次修订　根据 2023 年 7 月 20 日《国务院关于修改和废止部分行政法规的决定》第二次修订）

第一条　为了规范收养登记行为，根据《中华人民共和国民法典》（以下简称民法典），制定本办法。

第二条　中国公民在中国境内收养子女或者协议解除收养关系的，应当依照本办法的规定办理登记。

办理收养登记的机关是县级人民政府民政部门。

第三条　收养登记工作应当坚持中国共产党的领导，遵循最有利于被收养人的原则，保障被收养人和收养人的合法权益。

第四条　收养社会福利机构抚养的查找不到生父母的弃婴、儿童和孤儿的，在社会福利机构所在地的收养登记机关办理登记。

收养非社会福利机构抚养的查找不到生父母的弃婴和儿童的，在弃婴和儿童发现地的收养登记机关办理登记。

收养生父母有特殊困难无力抚养的子女或者由监护人监护的孤儿的，在被收养人生父母或者监护人常住户口所在地（组织作监护人的，在该组织所在地）的收养登记机关办理登记。

收养三代以内同辈旁系血亲的子女，以及继父或者继母收养继子女的，在被收养人生父或者生母常住户口所在地的收养登记机关办理登记。

第五条　收养关系当事人应当亲自到收养登记机关办理成立收养关系的登记手续。

夫妻共同收养子女的，应当共同到收养登记机关办理登记手续；一方因故不能亲自前往的，应当书面委托另一方办理登记手续，委托书应当经过村民委员会或者居民委员会证明或者经过公证。

第六条　收养人应当向收养登记机关提交收养申请书和下列证件、证明材料：

（一）收养人的居民户口簿和居民身份证；

（二）由收养人所在单位或者村民委员会、居民委员会出具的本人婚姻状况和抚养教育被收养人的能力等情况的证明，以及收养人出具的子女情况声明；

（三）县级以上医疗机构出具的未患有在医学上认为不应当收养子女的疾病的身体健康检查证明。

收养查找不到生父母的弃婴、儿童的，并应当提交收养人经常居住地卫生健康主管部门出具的收养人生育情况证明；其中收养非社会福利机构抚养的查找不到生父母的弃婴、儿童的，收养人应当提交下列证明材料：

（一）收养人经常居住地卫生健康主管部门出具的收养人生育情况证明；

（二）公安机关出具的捡拾弃婴、儿童报案的证明。

收养继子女的，可以只提交居民户口簿、居民身份证和收养人与被收养人生父或者生母结婚的证明。

对收养人出具的子女情况声明，登记机关可以进行调查核实。

第七条 送养人应当向收养登记机关提交下列证件和证明材料：

（一）送养人的居民户口簿和居民身份证（组织作监护人的，提交其负责人的身份证件）；

（二）民法典规定送养时应当征得其他有抚养义务的人同意的，并提交其他有抚养义务的人同意送养的书面意见。

社会福利机构为送养人的，并应当提交弃婴、儿童进入社会福利机构的原始记录，公安机关出具的捡拾弃婴、儿童报案的证明，或者孤儿的生父母死亡或者宣告死亡的证明。

监护人为送养人的，并应当提交实际承担监护责任的证明，孤儿的父母死亡或者宣告死亡的证明，或者被收养人生父母无完全民事行为能力并对被收养人有严重危害的证明。

生父母为送养人，有特殊困难无力抚养子女的，还应当提交送养人有特殊困难的声明；因丧偶或者一方下落不明由单方送养的，还应当提交配偶死亡或者下落不明的证明。对送养人有特殊困难的声明，登记机关可以进行调查核实；子女由三代以内同辈旁系血亲收养的，还应当提交公安机关出具的或者经过公证的与收养人有亲属关系的证明。

被收养人是残疾儿童的，并应当提交县级以上医疗机构出具的该儿童的残疾证明。

第八条　收养登记机关收到收养登记申请书及有关材料后，应当自次日起 30 日内进行审查。对符合民法典规定条件的，为当事人办理收养登记，发给收养登记证，收养关系自登记之日起成立；对不符合民法典规定条件的，不予登记，并对当事人说明理由。

收养查找不到生父母的弃婴、儿童的，收养登记机关应当在登记前公告查找其生父母；自公告之日起满 60 日，弃婴、儿童的生父母或者其他监护人未认领的，视为查找不到生父母的弃婴、儿童。公告期间不计算在登记办理期限内。

第九条　收养关系成立后，需要为被收养人办理户口登记或者迁移手续的，由收养人持收养登记证到户口登记机关按照国家有关规定办理。

第十条　收养关系当事人协议解除收养关系的，应当持居民户口簿、居民身份证、收养登记证和解除收养关系的书面协议，共同到被收养人常住户口所在地的收养登记机关办理解除收养关系登记。

第十一条　收养登记机关收到解除收养关系登记申请书及有关材料后，应当自次日起 30 日内进行审查；对符合民法典规定的，为当事人办理解除收养关系的登记，收回收养登记证，发给解除收养关系证明。

第十二条　为收养关系当事人出具证明材料的组织，应当如实出具有关证明材料。出具虚假证明材料的，由收养登记机关没收虚假证明材料，并建议有关组织对直接责任人员给予批评教育，或者依法给予行政处分、纪律处分。

第十三条　收养关系当事人弄虚作假骗取收养登记的，收养关系无效，由收养登记机关撤销登记，收缴收养登记证。

第十四条　本办法规定的收养登记证、解除收养关系证明的式样，由国务院民政部门制订。

第十五条　华侨以及居住在香港、澳门、台湾地区的中国公民在内地收养子女的，申请办理收养登记的管辖以及所需要出具的证件和证明材料，按照国务院民政部门的有关规定执行。

第十六条　本办法自发布之日起施行。

收养登记工作规范

（2008年8月25日民发〔2008〕118号公布　根据2020年10月20日《民政部关于修改部分规范性文件的公告》修订）

为了规范收养登记工作，根据《中华人民共和国民法典》、《外国人在中华人民共和国收养子女登记办法》、《中国公民收养子女登记办法》和《华侨以及居住在香港、澳门、台湾地区的中国公民办理收养登记的管辖以及所需要出具的证件和证明材料的规定》，制定本规范。

第一章　收养登记机关和登记员

第一条　收养登记机关是依法履行收养登记行政职能的各级人民

政府民政部门。

收养登记机关应当依照法律、法规及本规范，认真履行职责，做好收养登记工作。

第二条 收养登记机关的职责：

（一）办理收养登记；

（二）办理解除收养登记；

（三）撤销收养登记；

（四）补发收养登记证和解除收养关系证明；

（五）出具收养关系证明；

（六）办理寻找弃婴（弃儿）生父母公告；

（七）建立和保管收养登记档案；

（八）宣传收养法律法规。

第三条 收养登记的管辖按照《外国人在中华人民共和国收养子女登记办法》、《中国公民收养子女登记办法》和《华侨以及居住在香港、澳门、台湾地区的中国公民办理收养登记的管辖以及所需要出具的证件和证明材料的规定》的有关规定确定。

第四条 收养登记机关办理收养登记应当使用民政厅或者民政局公章。

收养登记机关应当按照有关规定刻制收养登记专用章。

第五条 收养登记机关应当设置有专门的办公场所，并在醒目位置悬挂收养登记处（科）标识牌。

收养登记场所应当庄严、整洁，设有收养登记公告栏。

第六条 收养登记实行政务公开，应当在收养登记场所公开展示下列内容：

（一）本收养登记机关的管辖权及依据；

（二）收养法的基本原则以及父母和子女的权利、义务；

（三）办理收养登记、解除收养登记的条件与程序；

（四）补领收养登记证的条件与程序；

（五）无效收养及可撤销收养的规定；

（六）收费项目与收费标准、依据；

（七）收养登记员职责及其照片、编号；

（八）办公时间和服务电话（电话号码在当地 114 查询台登记）；

（九）监督电话。

收养登记场所应当备有《中华人民共和国民法典》、《外国人在中华人民共和国收养子女登记办法》、《中国公民收养子女登记办法》和《华侨以及居住在香港、澳门、台湾地区的中国公民办理收养登记的管辖以及所需要出具的证件和证明材料的规定》，及其他有关文件供收养当事人免费查阅。

收养登记机关对外办公时间应当为国家法定办公时间。

第七条 收养登记机关应当实行计算机管理。各级民政部门应当为本行政区域内收养登记管理信息化建设创造条件。

第八条 收养登记机关应当配备收养登记员。收养登记员由本级民政部门考核、任免。

第九条 收养登记员的主要职责：

（一）解答咨询；

（二）审查当事人是否具备收养登记、解除收养登记、补发收养登记证、撤销收养登记的条件；

（三）颁发收养登记证；

（四）出具收养登记证明；

（五）及时将办理完毕的收养登记材料收集、整理、归档。

第十条　收养登记员应当熟练掌握相关法律法规和计算机操作，依法行政，热情服务，讲求效率。

收养登记员应当尊重当事人的意愿，保守收养秘密。

第十一条　收养登记员办理收养登记及相关业务应当按照申请-受理-审查-报批-登记-颁证的程序办理。

第十二条　收养登记员在完成表格和证书、证明填写后，应当进行认真核对、检查，并复印存档。对打印或者书写错误、证件被污染或者损坏的，应当作废处理，重新填写。

第二章　收养登记

第十三条　受理收养登记申请的条件是：

（一）收养登记机关具有管辖权；

（二）收养登记当事人提出申请；

（三）当事人持有的证件、证明材料符合规定。

收养人和被收养人应当提交2张2寸近期半身免冠合影照片。送养人应当提交2张2寸近期半身免冠合影或者单人照片，社会福利机构送养的除外。

第十四条　收养登记员受理收养登记申请，应当按照下列程序进行：

（一）区分收养登记类型，查验当事人提交的证件和证明材料、照片是否符合此类型的要求；

（二）询问或者调查当事人的收养意愿、目的和条件，告知收养登记的条件和弄虚作假的后果；

（三）见证当事人在《收养登记申请书》（附件1）上签名；

（四）将当事人的信息输入计算机应当用程序，并进行核查；

（五）复印当事人的身份证件、户口簿。单身收养的应当复印无婚姻登记记录证明、离婚证或者配偶死亡证明；夫妻双方共同收养的应当复印结婚证。

第十五条 《收养登记申请书》的填写：

（一）当事人"姓名"：当事人是中国公民的，使用中文填写；当事人是外国人的，按照当事人护照上的姓名填写；

（二）"出生日期"：使用阿拉伯数字，按照身份证件上的出生日期填写为"××××年××月××日"；

（三）"身份证件号"：当事人是内地居民的，填写公民身份号码；当事人是香港、澳门、台湾居民中的中国公民的，填写香港、澳门、台湾居民身份证号，并在号码后加注"（香港）"、"（澳门）"或者"（台湾）"；当事人是华侨的，填写护照号；当事人是外国人的，填写护照号。

证件号码前面有字符的，应当一并填写；

（四）"国籍"：当事人是内地居民、华侨以及居住在香港、澳门、台湾地区的中国公民的，填写"中国"；当事人是外国人的，按照护照上的国籍填写；

（五）"民族"、"职业"和"文化程度"，按照《中华人民共和国国家标准》填写；

（六）"健康状况"填写"健康"、"良好"、"残疾"或者其他疾病；

（七）"婚姻状况"填写"未婚"、"已婚"、"离婚"、"丧偶"；

（八）"家庭收入"填写家庭年收入总和；

（九）"住址"填写户口簿上的家庭住址；

（十）送养人是社会福利机构的，填写"送养人情况（1）"，经办人应当是社会福利机构工作人员。送养人是非社会福利机构的，填写"送养人情况（2）"，"送养人和被收养人关系"是亲属关系的，应当写明具体亲属关系；不是亲属关系的，应当写明"非亲属"。

收养非社会福利机构抚养的查找不到生父母的儿童的，送养人有关内容不填；

（十一）"被收养后改名为"填写被收养人被收养后更改的姓名。未更改姓名的，此栏不填；

（十二）被收养人"身份类别"分别填写"孤儿"、"社会福利机构抚养的查找不到生父母的儿童"、"非社会福利机构抚养的查找不到生父母的儿童"、"生父母有特殊困难无力抚养的子女"、"继子女"。收养三代以内同辈旁系血亲的子女，应当写明具体亲属关系；

（十三）继父母收养继子女的，要同时填写收养人和送养人有关内容。单身收养后，收养人结婚，其配偶要求收养继子女的；送养人死亡或者被人民法院宣告死亡的，送养人有关内容不填；

（十四）《收养登记申请书》中收养人、被收养人和送养人（送养人是社会福利机构的经办人）的签名必须由当事人在收养登记员当面完成；

当事人没有书写能力的，由当事人口述，收养登记员代为填写。收养登记员代当事人填写完毕后，应当宣读，当事人认为填写内容无误，在当事人签名处按指纹。当事人签名一栏不得空白，也不得由他人代为填写、代按指纹。

第十六条 收养登记员要分别询问或者调查收养人、送养人、8周岁以上的被收养人和其他应当询问或者调查的人。

询问或者调查的重点是被询问人或者被调查人的姓名、年龄、健康状况、经济和教育能力、收养人、送养人和被收养人之间的关系、收养的意愿和目的。特别是对年满 10 周岁以上的被收养人应当询问是否同意被收养和有关协议内容。

询问或者调查结束后，要将笔录给被询问人或者被调查人阅读。被询问人或者被调查人要写明"已阅读询问（或者调查）笔录，与本人所表示的意思一致（或者调查情况属实）"，并签名。被询问人或者被调查人没有书写能力的，可由收养登记员向被询问或者被调查人宣读所记录的内容，并注明"由收养登记员记录，并向当事人宣读，被询问人（被调查人）在确认所记录内容正确无误后按指纹。"然后请被询问人或者被调查人在注明处按指纹。

第十七条 收养查找不到生父母的弃婴、弃儿的，收养登记机关应当根据《中国公民收养子女登记办法》第七条的规定，在登记前公告查找其生父母（附件 2）。

公告应当刊登在收养登记机关所在地设区的市（地区）级以上地方报纸上。公告要有查找不到生父母的弃婴、弃儿的照片。办理公告时收养登记员要保存捡拾证明和捡拾地派出所出具的报案证明。派出所出具的报案证明应当有出具该证明的警员签名和警号。

第十八条 办理内地居民收养登记和华侨收养登记，以及香港、澳门、台湾居民中的中国公民的收养登记，收养登记员收到当事人提交的申请书及有关材料后，应当自次日起 30 日内进行审查。对符合收养条件的，为当事人办理收养登记，填写《收养登记审查处理表》（附件 3），报民政局主要领导或者分管领导批准，并填发收养登记证。

办理涉外收养登记，收养登记员收到当事人提交的申请书及有关材料后，应当自次日起 7 日内进行审查。对符合收养条件的，为当事人办理收养登记，填写《收养登记审查处理表》，报民政厅（局）主要领导或者分管领导批准，并填发收养登记证。

第十九条 《收养登记审查处理表》和收养登记证由计算机打印，未使用计算机进行收养登记的，应当使用蓝黑、黑色墨水的钢笔或者签字笔填写。

第二十条 《收养登记审查处理表》的填写：

（一）"提供证件情况"：应当对当事人提供的证件、证明材料核实后填写"齐全"；

（二）"审查意见"：填写"符合收养条件，准予登记"；

（三）"主要领导或者分管领导签名"：由批准该收养登记的民政厅（局）主要领导或者分管领导亲笔签名，不得使用个人印章或者计算机打印；

（四）"收养登记员签名"：由办理该收养登记的收养登记员亲笔签名，不得使用个人印章或者计算机打印；

（五）"收养登记日期"：使用阿拉伯数字，填写为："××××年××月××日"。填写的日期应当与收养登记证上的登记日期一致；

（六）"承办机关名称"：填写承办单位名称；

（七）"收养登记证字号"填写式样为"（XXXX）AB 收字YYYYY"（AB 为收养登记机关所在省级和县级或者市级和区级的行政区域简称，XXXX 为年号，YYYYY 为当年办理收养登记的序号）；

（八）"收养登记证印制号"填写颁发给当事人的收养登记证上印制的号码。

第二十一条 收养登记证的填写按照《民政部办公厅关于启用新式〈收养登记证〉的通知》（民办函〔2006〕203 号）的要求填写。

收养登记证上收养登记字号、姓名、性别、国籍、出生日期、身份证件号、住址、被收养人身份、更改的姓名，以及登记日期应当与《收养登记申请书》和《收养登记审查处理表》中相应项目一致。

无送养人的，"送养人姓名（名称）"一栏不填。

第二十二条 颁发收养登记证，应当在当事人在场时按照下列步骤进行：

（一）核实当事人姓名和收养意愿；

（二）告知当事人领取收养登记证后的法律关系以及父母和子女的权利、义务；

（三）见证当事人本人亲自在附件3上的"当事人领证签名或者按指纹"一栏中签名；当事人没有书写能力的，应当按指纹。

"当事人领证签名或者按指纹"一栏不得空白，不得由他人代为填写、代按指纹；

（四）将收养登记证颁发给收养人，并向当事人宣布：取得收养登记证，确立收养关系。

第二十三条 收养登记机关对不符合收养登记条件的，不予受理，但应当向当事人出具《不予办理收养登记通知书》（附件4），并将当事人提交的证件和证明材料全部退还当事人。对于虚假证明材料，收养登记机关予以没收。

第三章　解除收养登记

第二十四条 受理解除收养关系登记申请的条件是：

（一）收养登记机关具有管辖权；

（二）收养人、送养人和被收养人共同到被收养人常住户口所在地的收养登记机关提出申请；

（三）收养人、送养人自愿解除收养关系并达成协议。被收养人年满 8 周岁的，已经征得其同意；

（四）持有收养登记机关颁发的收养登记证。经公证机构公证确立收养关系的，应当持有公证书；

（五）收养人、送养人和被收养人各提交 2 张 2 寸单人近期半身免冠照片，社会福利机构送养的除外；

（六）收养人、送养人和被收养人持有身份证件、户口簿。

送养人是社会福利机构的，要提交社会福利机构法定代表人居民身份证复印件。

养父母与成年养子女协议解除收养关系的，无需送养人参与。

第二十五条　收养登记员受理解除收养关系登记申请，应当按照下列程序进行：

（一）查验当事人提交的照片、证件和证明材料。

当事人提供的收养登记证上的姓名、出生日期、公民身份号码与身份证、户口簿不一致的，当事人应当书面说明不一致的原因；

（二）向当事人讲明收养法关于解除收养关系的条件；

（三）询问当事人的解除收养关系意愿以及对解除收养关系协议内容的意愿；

（四）收养人、送养人和被收养人参照本规范第十五条的相关内容填写《解除收养登记申请书》（附件 5）；

（五）将当事人的信息输入计算机应当用程序，并进行核查；

（六）复印当事人的身份证件、户口簿。

第二十六条　收养登记员要分别询问收养人、送养人、8 周岁以上的被收养人和其他应当询问的人。

询问的重点是被询问人的姓名、年龄、健康状况、民事行为能力、收养人、送养人和被收养人之间的关系、解除收养登记的意愿。对 8 周岁以上的被收养人应当询问是否同意解除收养登记和有关协议内容。

对未成年的被收养人，要询问送养人同意解除收养登记后接纳被收养人和有关协议内容。

询问结束后，要将笔录给被询问人阅读。被询问人要写明"已阅读询问笔录，与本人所表示的意思一致"，并签名。被询问人没有书写能力的，可由收养登记员向被询问人宣读所记录的内容，并注明"由收养登记员记录，并向当事人宣读，被询问人在确认所记录内容正确无误后按指纹。"然后请被询问人在注明处按指纹。

第二十七条 收养登记员收到当事人提交的证件、申请解除收养关系登记申请书、解除收养关系协议书后，应当自次日起 30 日内进行审查。对符合解除收养条件的，为当事人办理解除收养关系登记，填写《解除收养登记审查处理表》（附件 6），报民政厅（局）主要领导或者分管领导批准，并填发《解除收养关系证明》。

"解除收养关系证明字号"填写式样为"（XXXX）AB 解字 YYYYY"（AB 为收养登记机关所在省级和县级或者市级和区级的行政区域简称，XXXX 为年号，YYYYY 为当年办理解除收养登记的序号）。

第二十八条 颁发解除收养关系证明，应当在当事人均在场时按照下列步骤进行：

（一）核实当事人姓名和解除收养关系意愿；

（二）告知当事人领取解除收养关系证明后的法律关系；

（三）见证当事人本人亲自在《解除收养登记审查处理表》"领证人签名或者按指纹"一栏中签名；当事人没有书写能力的，应当按指纹。

"领证人签名或者按指纹"一栏不得空白，不得由他人代为填写、代按指纹；

（四）收回收养登记证，收养登记证遗失应当提交查档证明；

（五）将解除收养关系证明一式两份分别颁发给解除收养关系的收养人和被收养人，并宣布：取得解除收养关系证明，收养关系解除。

第二十九条 收养登记机关对不符合解除收养关系登记条件的，不予受理，但应当向当事人出具《不予办理解除收养登记通知书》（附件7），将当事人提交的证件和证明材料全部退还当事人。对于虚假证明材料，收养登记机关予以没收。

第四章 撤销收养登记

第三十条 收养关系当事人弄虚作假骗取收养登记的，按照《中国公民收养子女登记办法》第十二条的规定，由利害关系人、有关单位或者组织向原收养登记机关提出，由收养登记机关撤销登记，收缴收养登记证。

第三十一条 收养登记员受理撤销收养登记申请，应当按照下列程序进行：

（一）查验申请人提交的证件和证明材料；

（二）申请人在收养登记员面前亲自填写《撤销收养登记申请书》（附件8），并签名。

申请人没有书写能力的，可由当事人口述，第三人代为填写，当事人在"申请人"一栏按指纹。

第三人应当在申请书上注明代写人的姓名、公民身份号码、住址、与申请人的关系。

收养登记机关工作人员不得作为第三人代申请人填写；

（三）申请人宣读本人的申请书，收养登记员作见证人并在见证人一栏签名；

（四）调查涉案当事人的收养登记情况。

第三十二条　符合撤销条件的，收养登记机关拟写《关于撤销×××与×××收养登记决定书》（附件9），报民政厅（局）主要领导或者分管领导批准，并印发撤销决定。

第三十三条　收养登记机关应当将《关于撤销×××与×××收养登记决定书》送达每位当事人，收缴收养登记证，并在收养登记机关的公告栏公告30日。

第三十四条　收养登记机关对不符合撤销收养条件的，应当告知当事人不予撤销的原因，并告知当事人可以向人民法院起诉。

第五章　补领收养登记证、解除收养关系证明

第三十五条　当事人遗失、损毁收养证件，可以向原收养登记机关申请补领。

第三十六条　受理补领收养登记证、解除收养关系证明申请的条件是：

（一）收养登记机关具有管辖权；

（二）依法登记收养或者解除收养关系，目前仍然维持该状况；

（三）收养人或者被收养人亲自到收养登记机关提出申请。

收养人或者被收养人因故不能到原收养登记机关申请补领收养登记证的，可以委托他人办理。委托办理应当提交经公证机关公证的当

事人的身份证件复印件和委托书。委托书应当写明当事人办理收养登记的时间及承办机关、目前的收养状况、委托事由、受委托人的姓名和身份证件号码。受委托人应当同时提交本人的身份证件。

夫妻双方共同收养子女的，应当共同到收养登记机关提出申请，一方不能亲自到场的，应当书面委托另一方，委托书应当经过村（居）民委员会证明或者经过公证。外国人的委托书应当经所在国公证和认证。夫妻双方一方死亡的，另一方应当出具配偶死亡的证明；离婚的出具离婚证件，可以一方提出申请。

被收养人未成年的，可由监护人提出申请。监护人要提交监护证明；

（四）申请人持有身份证件、户口簿；

（五）申请人持有查档证明。

收养登记档案遗失的，申请人应当提交能够证明其收养状况的证明。户口本上父母子女关系的记载，单位、村（居）民委员会或者近亲属出具的写明当事人收养状况的证明可以作为当事人收养状况证明使用；

（六）收养人和被收养人的2张2寸合影或者单人近期半身免冠照片。

监护人提出申请的，要提交监护人1张2寸合影或者单人近期半身免冠照片。监护人为单位的，要提交单位法定代表人身份证件复印件和经办人1张2寸单人近期半身免冠照片。

第三十七条 收养登记员受理补领收养登记证、解除收养关系证明，应当按照下列程序进行：

（一）查验申请人提交的照片、证件和证明材料。

申请人出具的身份证、户口簿上的姓名、年龄、公民身份号码与原登记档案不一致的，申请人应当书面说明不一致的原因，收养登记机关可根据申请人出具的身份证件补发收养登记证；

（二）向申请人讲明补领收养登记证、解除收养关系证明的条件；

（三）询问申请人当时办理登记的情况和现在的收养状况。

对于没有档案可查的，收养登记员要对申请人进行询问。询问结束后，要将笔录给被询问人阅读。被询问人要写明"已阅读询问笔录，与本人所表示的意思一致"，并签名。被询问人没有书写能力的，可由收养登记员向被询问人宣读所记录的内容，并注明"由收养登记员记录，并向被询问人宣读，被询问人在确认所记录内容正确无误后按指纹。"然后请被询问人在注明处按指纹；

（四）申请人参照本规范第十五条相关规定填写《补领收养登记证申请书》（附件10）；

（五）将申请人的信息输入计算机应当用程序，并进行核查；

（六）向出具查档证明的机关进行核查；

（七）复印当事人的身份证件、户口簿。

第三十八条　收养登记员收到申请人提交的证件、证明后，应当自次日起30日内进行审查，符合补发条件的，填写《补发收养登记证审查处理表》（附件11），报民政厅（局）主要领导或者分管领导批准，并填发收养登记证、解除收养关系证明。

《补发收养登记证审查处理表》和收养登记证按照《民政部办公厅关于启用新式〈收养登记证〉的通知》（民办函〔2006〕203号）和本规范相关规定填写。

第三十九条　补发收养登记证、解除收养关系证明，应当在申请人或者委托人在场时按照下列步骤进行：

（一）向申请人或者委托人核实姓名和原登记日期；

（二）见证申请人或者委托人在《补发收养登记证审查处理表》"领证人签名或者按指纹"一栏中签名；申请人或者委托人没有书写能力的，应当按指纹。

"领证人签名或者按指纹"一栏不得空白，不得由他人代为填写、代按指纹；

（三）将补发的收养登记证、解除收养登记证发给申请人或者委托人，并告知妥善保管。

第四十条　收养登记机关对不具备补发收养登记证、解除收养关系证明受理条件的，不予受理，并告知原因和依据。

第四十一条　当事人办理过收养或者解除收养关系登记，申请补领时的收养状况因解除收养关系或者收养关系当事人死亡发生改变的，不予补发收养登记证，可由收养登记机关出具收养登记证明。

收养登记证明不作为收养人和被收养人现在收养状况的证明。

第四十二条　出具收养登记证明的申请人范围和程序与补领收养登记证相同。申请人向原办理该收养登记的机关提出申请，并填写《出具收养登记证明申请书》（附件12）。收养登记员收到当事人提交的证件、证明后，应当自次日起30日内进行审查，符合出证条件的，填写《出具收养登记证明审查处理表》（附件13），报民政厅（局）主要领导或者分管领导批准，并填写《收养登记证明书》（附件14），发给申请人。

第四十三条　"收养登记证明字号"填写式样为"（XXXX）AB证字 YYYYY"（AB 为收养登记机关所在省级和县级或者市级和区级的行政区域简称，XXXX 为年号，YYYYY 为当年出具收养登记证明的序号）。

第六章　收养档案和证件管理

第四十四条　收养登记机关应当按照《收养登记档案管理暂行办法》（民发〔2003〕181号）的规定，制定立卷、归档、保管、移交和使用制度，建立和管理收养登记档案，不得出现原始材料丢失、损毁情况。

第四十五条　收养登记机关不得购买非上级民政部门提供的收养证件。各级民政部门发现本行政区域内有购买、使用非上级民政部门提供的收养证件的，应当予以没收，并追究相关责任人的法律责任和行政责任。

收养登记机关已将非法购制的收养证件颁发给收养当事人的，应当追回，并免费为当事人换发符合规定的收养登记证、解除收养关系证明。

报废的收养证件由收养登记机关登记造册，统一销毁。

收养登记机关发现收养证件有质量问题时，应当及时书面报告省（自治区、直辖市）人民政府民政部门。

第七章　监督与管理

第四十六条　各级民政部门应当建立监督检查制度，定期对本级民政部门设立的收养登记处（科）和下级收养登记机关进行监督检查，发现问题，及时纠正。

第四十七条　收养登记机关应当按规定到指定的物价部门办理收费许可证，按照国家规定的标准收取收养登记费，并使用财政部门统一制定的收费票据。

第四十八条　收养登记机关及其收养登记员有下列行为之一的，对直接负责的主管人员和其他直接责任人员依法给予行政处分：

（一）为不符合收养登记条件的当事人办理收养登记的；

（二）依法应当予以登记而不予登记的；

（三）违反程序规定办理收养登记、解除收养关系登记、撤销收养登记及其他证明的；

（四）要求当事人提交《中华人民共和国收养法》、《中国公民收养子女登记办法》、《华侨以及居住在香港、澳门、台湾地区的中国公民办理收养登记的管辖以及所需要出具的证件和证明材料的规定》、《外国人在中华人民共和国收养子女登记办法》和本规范规定以外的证件和证明材料的；

（五）擅自提高收费标准、增加收费项目或者不使用规定收费票据的；

（六）玩忽职守造成收养登记档案损毁的；

（七）泄露当事人收养秘密并造成严重后果的；

（八）购买使用伪造收养证书的。

第四十九条　收养登记员违反规定办理收养登记，给当事人造成严重后果的，应当由收养登记机关承担对当事人的赔偿责任，并对承办人员进行追偿。

第八章　附　则

第五十条　收养查找不到生父母的弃婴、儿童的公告费，由收养人缴纳。

第五十一条　收养登记当事人提交的居民身份证与常住户口簿上

的姓名、性别、出生日期应当一致；不一致的，当事人应当先到公安部门更正。

居民身份证或者常住户口簿丢失，当事人应当先到公安户籍管理部门补办证件。当事人无法提交居民身份证的，可提交有效临时身份证办理收养登记。当事人无法提交居民户口簿的，可提交公安部门或者有关户籍管理机构出具的加盖印章的户籍证明办理收养登记。

第五十二条　收养登记当事人提交的所在单位或者村民委员会、居民委员会、县级以上医疗机构、人口计生部门出具的证明，以及本人的申请，有效期 6 个月。

第五十三条　人民法院依法判决或者调解结案的收养案件，确认收养关系效力或者解除收养关系的，不再办理收养登记或者解除收养登记。

第五十四条　《中华人民共和国收养法》公布施行以前所形成的收养关系，收养关系当事人申请办理收养登记的，不予受理。

附件（略）：

最高人民法院关于适用《中华人民共和国民法典》继承编的解释（一）

（2020 年 12 月 25 日最高人民法院审判委员会第 1825 次会议通过　2020 年 12 月 29 日最高人民法院公告公布　自 2021 年 1 月 1 日起施行　法释〔2020〕23 号）

为正确审理继承纠纷案件，根据《中华人民共和国民法典》等相关法律规定，结合审判实践，制定本解释。

一、一般规定

第一条 继承从被继承人生理死亡或者被宣告死亡时开始。

宣告死亡的，根据民法典第四十八条规定确定的死亡日期，为继承开始的时间。

第二条 承包人死亡时尚未取得承包收益的，可以将死者生前对承包所投入的资金和所付出的劳动及其增值和孳息，由发包单位或者接续承包合同的人合理折价、补偿。其价额作为遗产。

第三条 被继承人生前与他人订有遗赠扶养协议，同时又立有遗嘱的，继承开始后，如果遗赠扶养协议与遗嘱没有抵触，遗产分别按协议和遗嘱处理；如果有抵触，按协议处理，与协议抵触的遗嘱全部或者部分无效。

第四条 遗嘱继承人依遗嘱取得遗产后，仍有权依照民法典第一千一百三十条的规定取得遗嘱未处分的遗产。

第五条 在遗产继承中，继承人之间因是否丧失继承权发生纠纷，向人民法院提起诉讼的，由人民法院依据民法典第一千一百二十五条的规定，判决确认其是否丧失继承权。

第六条 继承人是否符合民法典第一千一百二十五条第一款第三项规定的"虐待被继承人情节严重"，可以从实施虐待行为的时间、手段、后果和社会影响等方面认定。

虐待被继承人情节严重的，不论是否追究刑事责任，均可确认其丧失继承权。

第七条 继承人故意杀害被继承人的，不论是既遂还是未遂，均应当确认其丧失继承权。

第八条　继承人有民法典第一千一百二十五条第一款第一项或者第二项所列之行为，而被继承人以遗嘱将遗产指定由该继承人继承的，可以确认遗嘱无效，并确认该继承人丧失继承权。

第九条　继承人伪造、篡改、隐匿或者销毁遗嘱，侵害了缺乏劳动能力又无生活来源的继承人的利益，并造成其生活困难的，应当认定为民法典第一千一百二十五条第一款第四项规定的"情节严重"。

二、法定继承

第十条　被收养人对养父母尽了赡养义务，同时又对生父母扶养较多的，除可以依照民法典第一千一百二十七条的规定继承养父母的遗产外，还可以依照民法典第一千一百三十一条的规定分得生父母适当的遗产。

第十一条　继子女继承了继父母遗产的，不影响其继承生父母的遗产。

继父母继承了继子女遗产的，不影响其继承生子女的遗产。

第十二条　养子女与生子女之间、养子女与养子女之间，系养兄弟姐妹，可以互为第二顺序继承人。

被收养人与其亲兄弟姐妹之间的权利义务关系，因收养关系的成立而消除，不能互为第二顺序继承人。

第十三条　继兄弟姐妹之间的继承权，因继兄弟姐妹之间的扶养关系而发生。没有扶养关系的，不能互为第二顺序继承人。

继兄弟姐妹之间相互继承了遗产的，不影响其继承亲兄弟姐妹的遗产。

第十四条　被继承人的孙子女、外孙子女、曾孙子女、外曾孙子女都可以代位继承，代位继承人不受辈数的限制。

第十五条　被继承人的养子女、已形成扶养关系的继子女的生子女可以代位继承；被继承人亲生子女的养子女可以代位继承；被继承人养子女的养子女可以代位继承；与被继承人已形成扶养关系的继子女的养子女也可以代位继承。

第十六条　代位继承人缺乏劳动能力又没有生活来源，或者对被继承人尽过主要赡养义务的，分配遗产时，可以多分。

第十七条　继承人丧失继承权的，其晚辈直系血亲不得代位继承。如该代位继承人缺乏劳动能力又没有生活来源，或者对被继承人尽赡养义务较多的，可以适当分给遗产。

第十八条　丧偶儿媳对公婆、丧偶女婿对岳父母，无论其是否再婚，依照民法典第一千一百二十九条规定作为第一顺序继承人时，不影响其子女代位继承。

第十九条　对被继承人生活提供了主要经济来源，或者在劳务等方面给予了主要扶助的，应当认定其尽了主要赡养义务或主要扶养义务。

第二十条　依照民法典第一千一百三十一条规定可以分给适当遗产的人，分给他们遗产时，按具体情况可以多于或者少于继承人。

第二十一条　依照民法典第一千一百三十一条规定可以分给适当遗产的人，在其依法取得被继承人遗产的权利受到侵犯时，本人有权以独立的诉讼主体资格向人民法院提起诉讼。

第二十二条　继承人有扶养能力和扶养条件，愿意尽扶养义务，但被继承人因有固定收入和劳动能力，明确表示不要求其扶养的，分配遗产时，一般不应因此而影响其继承份额。

第二十三条　有扶养能力和扶养条件的继承人虽然与被继承人共

同生活，但对需要扶养的被继承人不尽扶养义务，分配遗产时，可以少分或者不分。

三、遗嘱继承和遗赠

第二十四条 继承人、受遗赠人的债权人、债务人，共同经营的合伙人，也应当视为与继承人、受遗赠人有利害关系，不能作为遗嘱的见证人。

第二十五条 遗嘱人未保留缺乏劳动能力又没有生活来源的继承人的遗产份额，遗产处理时，应当为该继承人留下必要的遗产，所剩余的部分，才可参照遗嘱确定的分配原则处理。

继承人是否缺乏劳动能力又没有生活来源，应当按遗嘱生效时该继承人的具体情况确定。

第二十六条 遗嘱人以遗嘱处分了国家、集体或者他人财产的，应当认定该部分遗嘱无效。

第二十七条 自然人在遗书中涉及死后个人财产处分的内容，确为死者的真实意思表示，有本人签名并注明了年、月、日，又无相反证据的，可以按自书遗嘱对待。

第二十八条 遗嘱人立遗嘱时必须具有完全民事行为能力。无民事行为能力人或者限制民事行为能力人所立的遗嘱，即使其本人后来具有完全民事行为能力，仍属无效遗嘱。遗嘱人立遗嘱时具有完全民事行为能力，后来成为无民事行为能力人或者限制民事行为能力人的，不影响遗嘱的效力。

第二十九条 附义务的遗嘱继承或者遗赠，如义务能够履行，而继承人、受遗赠人无正当理由不履行，经受益人或者其他继承人请求，人民法院可以取消其接受附义务部分遗产的权利，由提出请求的继承人或者受益人负责按遗嘱人的意愿履行义务，接受遗产。

四、遗产的处理

第三十条 人民法院在审理继承案件时，如果知道有继承人而无法通知的，分割遗产时，要保留其应继承的遗产，并确定该遗产的保管人或者保管单位。

第三十一条 应当为胎儿保留的遗产份额没有保留的，应从继承人所继承的遗产中扣回。

为胎儿保留的遗产份额，如胎儿出生后死亡的，由其继承人继承；如胎儿娩出时是死体的，由被继承人的继承人继承。

第三十二条 继承人因放弃继承权，致其不能履行法定义务的，放弃继承权的行为无效。

第三十三条 继承人放弃继承应当以书面形式向遗产管理人或者其他继承人表示。

第三十四条 在诉讼中，继承人向人民法院以口头方式表示放弃继承的，要制作笔录，由放弃继承的人签名。

第三十五条 继承人放弃继承的意思表示，应当在继承开始后、遗产分割前作出。遗产分割后表示放弃的不再是继承权，而是所有权。

第三十六条 遗产处理前或者在诉讼进行中，继承人对放弃继承反悔的，由人民法院根据其提出的具体理由，决定是否承认。遗产处理后，继承人对放弃继承反悔的，不予承认。

第三十七条 放弃继承的效力，追溯到继承开始的时间。

第三十八条 继承开始后，受遗赠人表示接受遗赠，并于遗产分割前死亡的，其接受遗赠的权利转移给他的继承人。

第三十九条 由国家或者集体组织供给生活费用的烈属和享受社会救济的自然人，其遗产仍应准许合法继承人继承。

第四十条 继承人以外的组织或者个人与自然人签订遗赠扶养协议后，无正当理由不履行，导致协议解除的，不能享有受遗赠的权利，其支付的供养费用一般不予补偿；遗赠人无正当理由不履行，导致协议解除的，则应当偿还继承人以外的组织或者个人已支付的供养费用。

第四十一条 遗产因无人继承又无人受遗赠归国家或者集体所有制组织所有时，按照民法典第一千一百三十一条规定可以分给适当遗产的人提出取得遗产的诉讼请求，人民法院应当视情况适当分给遗产。

第四十二条 人民法院在分割遗产中的房屋、生产资料和特定职业所需要的财产时，应当依据有利于发挥其使用效益和继承人的实际需要，兼顾各继承人的利益进行处理。

第四十三条 人民法院对故意隐匿、侵吞或者争抢遗产的继承人，可以酌情减少其应继承的遗产。

第四十四条 继承诉讼开始后，如继承人、受遗赠人中有既不愿参加诉讼，又不表示放弃实体权利的，应当追加为共同原告；继承人已书面表示放弃继承、受遗赠人在知道受遗赠后六十日内表示放弃受遗赠或者到期没有表示的，不再列为当事人。

五、附 则

第四十五条 本解释自 2021 年 1 月 1 日起施行。

遗嘱公证细则

（2000年3月24日司法部令第57号发布　自2000年7月1日起施行）

　　第一条　为规范遗嘱公证程序，根据《中华人民共和国继承法》、《中华人民共和国公证暂行条例》等有关规定，制定本细则。

　　第二条　遗嘱是遗嘱人生前在法律允许的范围内，按照法律规定的方式处分其个人财产或者处理其他事务，并在其死亡时发生效力的单方法律行为。

　　第三条　遗嘱公证是公证处按照法定程序证明遗嘱人设立遗嘱行为真实、合法的活动。经公证证明的遗嘱为公证遗嘱。

　　第四条　遗嘱公证由遗嘱人住所地或者遗嘱行为发生地公证处管辖。

　　第五条　遗嘱人申办遗嘱公证应当亲自到公证处提出申请。

　　遗嘱人亲自到公证处有困难的，可以书面或者口头形式请求有管辖权的公证处指派公证人员到其住所或者临时处所办理。

　　第六条　遗嘱公证应当由两名公证人员共同办理，由其中一名公证员在公证书上署名。因特殊情况由一名公证员办理时，应当有一名见证人在场，见证人应当在遗嘱和笔录上签名。

　　见证人、遗嘱代书人适用《中华人民共和国继承法》第十八条的规定。

　　第七条　申办遗嘱公证，遗嘱人应当填写公证申请表，并提交下列证件和材料：

（一）居民身份证或者其他身份证件；

（二）遗嘱涉及的不动产、交通工具或者其他有产权凭证的财产的产权证明；

（三）公证人员认为应当提交的其他材料。

遗嘱人填写申请表确有困难的，可由公证人员代为填写，遗嘱人应当在申请表上签名。

第八条 对于属于本公证处管辖，并符合前条规定的申请，公证处应当受理。

对于不符合前款规定的申请，公证处应当在三日内作出不予受理的决定，并通知申请人。

第九条 公证人员具有《公证程序规则（试行）》第十条规定情形的，应当自行回避，遗嘱人有权申请公证人员回避。

第十条 公证人员应当向遗嘱人讲解我国《民法通则》、《继承法》中有关遗嘱和公民财产处分权利的规定，以及公证遗嘱的意义和法律后果。

第十一条 公证处应当按照《公证程序规则（试行）》第二十三条的规定进行审查，并着重审查遗嘱人的身份及意思表示是否真实、有无受胁迫或者受欺骗等情况。

第十二条 公证人员询问遗嘱人，除见证人、翻译人员外，其他人员一般不得在场。公证人员应当按照《公证程序规则（试行）》第二十四条的规定制作谈话笔录。谈话笔录应当着重记录下列内容：

（一）遗嘱人的身体状况、精神状况；遗嘱人系老年人、间歇性精神病人、危重伤病人的，还应当记录其对事物的识别、反应能力；

（二）遗嘱人家庭成员情况，包括其配偶、子女、父母及与其共同生活人员的基本情况；

（三）遗嘱所处分财产的情况，是否属于遗嘱人个人所有，以前是否曾以遗嘱或者遗赠扶养协议等方式进行过处分，有无已设立担保、已被查封、扣押等限制所有权的情况；

（四）遗嘱人所提供的遗嘱或者遗嘱草稿的形成时间、地点和过程，是自书还是代书，是否本人的真实意愿，有无修改、补充，对遗产的处分是否附有条件；代书人的情况，遗嘱或者遗嘱草稿上的签名、盖章或者手印是否其本人所为；

（五）遗嘱人未提供遗嘱或者遗嘱草稿的，应当详细记录其处分遗产的意思表示；

（六）是否指定遗嘱执行人及遗嘱执行人的基本情况；

（七）公证人员认为应当询问的其他内容。

谈话笔录应当当场向遗嘱人宣读或者由遗嘱人阅读，遗嘱人无异议后，遗嘱人、公证人员、见证人应当在笔录上签名。

第十三条 遗嘱应当包括以下内容：

（一）遗嘱人的姓名、性别、出生日期、住址；

（二）遗嘱处分的财产状况（名称、数量、所在地点以及是否共有、抵押等）；

（三）对财产和其他事务的具体处理意见；

（四）有遗嘱执行人的，应当写明执行人的姓名、性别、年龄、住址等；

（五）遗嘱制作的日期以及遗嘱人的签名。

遗嘱中一般不得包括与处分财产及处理死亡后事宜无关的其他内容。

第十四条 遗嘱人提供的遗嘱，无修改、补充的，遗嘱人应当在公证人员面前确认遗嘱内容、签名及签署日期属实。

遗嘱人提供的遗嘱或者遗嘱草稿，有修改、补充的，经整理、誊清后，应当交遗嘱人核对，并由其签名。

遗嘱人未提供遗嘱或者遗嘱草稿的，公证人员可以根据遗嘱人的意思表示代为起草遗嘱。公证人员代拟的遗嘱，应当交遗嘱人核对，并由其签名。

以上情况应当记入谈话笔录。

第十五条 两个以上的遗嘱人申请办理共同遗嘱公证的，公证处应当引导他们分别设立遗嘱。

遗嘱人坚持申请办理共同遗嘱公证的，共同遗嘱中应当明确遗嘱变更、撤销及生效的条件。

第十六条 公证人员发现有下列情形之一的，公证人员在与遗嘱人谈话时应当录音或者录像：

（一）遗嘱人年老体弱；

（二）遗嘱人为危重伤病人；

（三）遗嘱人为聋、哑、盲人；

（四）遗嘱人为间歇性精神病患者、弱智者。

第十七条 对于符合下列条件的，公证处应当出具公证书：

（一）遗嘱人身份属实，具有完全民事行为能力；

（二）遗嘱人意思表示真实；

（三）遗嘱人证明或者保证所处分的财产是其个人财产；

（四）遗嘱内容不违反法律规定和社会公共利益，内容完备，文字表述准确，签名、制作日期齐全；

（五）办证程序符合规定。

不符合前款规定条件的，应当拒绝公证。

第十八条 公证遗嘱采用打印形式。遗嘱人根据遗嘱原稿核对后，应当在打印的公证遗嘱上签名。

遗嘱人不会签名或者签名有困难的，可以盖章方式代替在申请表、笔录和遗嘱上的签名；遗嘱人既不能签字又无印章的，应当以按手印方式代替签名或者盖章。

有前款规定情形的，公证人员应当在笔录中注明。以按手印代替签名或者盖章的，公证人员应当提取遗嘱人全部的指纹存档。

第十九条　公证处审批人批准遗嘱公证书之前，遗嘱人死亡或者丧失行为能力的，公证处应当终止办理遗嘱公证。

遗嘱人提供或者公证人员代书、录制的遗嘱，符合代书遗嘱条件或者经承办公证人员见证符合自书、录音、口头遗嘱条件的，公证处可以将该遗嘱发给遗嘱受益人，并将其复印件存入终止公证的档案。

公证处审批人批准之后，遗嘱人死亡或者丧失行为能力的，公证处应当完成公证遗嘱的制作。遗嘱人无法在打印的公证遗嘱上签名的，可依符合第十七条规定的遗嘱原稿的复印件制作公证遗嘱，遗嘱原稿留公证处存档。

第二十条　公证处可根据《中华人民共和国公证暂行条例》规定保管公证遗嘱或者自书遗嘱、代书遗嘱、录音遗嘱；也可根据国际惯例保管密封遗嘱。

第二十一条　遗嘱公证卷应当列为密卷保存。遗嘱人死亡后，转为普通卷保存。

公证遗嘱生效前，遗嘱卷宗不得对外借阅，公证人员亦不得对外透露遗嘱内容。

第二十二条　公证遗嘱生效前，非经遗嘱人申请并履行公证程序，不得撤销或者变更公证遗嘱。

遗嘱人申请撤销或者变更公证遗嘱的程序适用本规定。

第二十三条　公证遗嘱生效后，与继承权益相关的人员有确凿证据证明公证遗嘱部分违法的，公证处应当予以调查核实；经调查核实，公证遗嘱部分内容确属违法的，公证处应当撤销对公证遗嘱中违法部分的公证证明。

第二十四条　因公证人员过错造成错证的，公证处应当承担赔偿责任。有关公证赔偿的规定，另行制定。

第二十五条　本细则由司法部解释。

第二十六条　本细则自 2000 年 7 月 1 日起施行。

图书在版编目（CIP）数据

中华人民共和国民法典：案例注释版. 婚姻家庭编、继承编／中国法制出版社编. —2 版. —北京：中国法制出版社，2024.1

（法律法规案例注释版系列；6）

ISBN 978-7-5216-3615-4

Ⅰ. ①中… Ⅱ. ①中… Ⅲ. ①婚姻法-案例-中国② 继承法-案例-中国 Ⅳ. ①D923.05

中国国家版本馆 CIP 数据核字（2023）第 240840 号

责任编辑：谢雯　　　　　　　　　　　　　　封面设计：杨泽江

中华人民共和国民法典：案例注释版. 婚姻家庭编、继承编
ZHONGHUA RENMIN GONGHEGUO MINFADIAN：ANLI ZHUSHIBAN.
HUNYIN JIATINGBIAN、JICHENGBIAN

经销/新华书店
印刷/河北华商印刷有限公司
开本/880 毫米×1230 毫米　32 开　　　　　印张/ 7.5　字数/ 159 千
版次/2024 年 1 月第 2 版　　　　　　　　　　2024 年 1 月第 1 次印刷

中 国 法 制 出 版 社 出 版
书号 ISBN 978-7-5216-3615-4　　　　　　　　　定价：29.00 元

北京市西城区西便门西里甲 16 号西便门办公区
邮政编码 100053　　　　　　　　　　　　　传真：010-63141852
网址：http：//www. zgfzs. com　　　　　编辑部电话：010-63141793
市场营销部电话：010-63141612　　　　　印务部电话：010-63141606

（如有印装质量问题，请与本社印务部联系。）